岩 波 文 庫

33-149-2

構 想 力 の 論 理

第 一

三 木 清 著

JN053621

岩 波 書 店

凡　例

一、本書は三木清『構想力の論理　第二』(岩波書店、一九三九年)を文庫化したものである。今回の文庫化にあたっては、『三木清全集8』所収のテクストに拠った。

一、本文中の旧字体は新字体に、旧仮名づかいは現代仮名づかいにあらためた。

一、底本において漢字で表記されている代名詞、副詞、接続詞などのうち、難読のものを一定の枠内で平仮名にあらためた。

一、読みにくい語や誤りやすい語に新たに振り仮名を付した。

一、本文に付した＊、＊＊…は、原注を示す。原注内の文献の邦訳名は〔　〕で補った。

一、本文に付した(1)(2)…の箇所に適宜注解を付し、巻末にまとめて掲載した。

一、本文中の〔　〕は藤田正勝による注解・補足である。

一、本文中に、何箇所か不適切な表現が見られるが、原文の歴史性を考慮してそのままとした。

目次

『第二』目次

構想力の論理　第一

序*

ここにその第一冊を世に送る構想力の論理についての論文は、雑誌『思想』に連載されたものである。種々の事情から余儀なくされた中断の後、再びそれを書き続けようとするに当たって、私は読者のために、しかし何よりも私自身のために、すでに発表された最初の三章を一冊に纏めておく必要を感じた。それはもと研究ノートの形で書かれたものであるが、いま若干の補修をなすにとどめてそれを原形のままで刊行することにした。完全な体系的叙述はこの研究が最後に達したところから始まらねばならぬ。叙述はここにまず現象学的な形において行われ、しかる後純粋に論理的な形に進むであろう。

研究ノートとして書き始められたこの論文のやや錯綜した論述の中で読者に道を示すために、私はこの序において私の意図が何処《どこ》にあるかを簡単に記しておこうと思う。

それは私の近年の思想的経歴を要約して述べることにほかならない。もちろん、今後この論文を書き続けるに従って私の方針にも変化発展が生ずることであろうと思う。それは私のように、考えてから書くと云《い》うよりも書きながら考えてゆくという習慣を有する者にとっては、当然のことである。

前著『歴史哲学』の発表(一九三二年)の後、絶えず私の脳裡を往来したのは、客観的なものと主観的なもの、合理的なものと非合理的なもの、知的なものと感情的なものを如何《いか》にして結合し得るかという問題であった。当時私はこの問題をロゴスとパトスとの統一の問題として定式化し、すべての歴史的なものにおいてロゴス的要素とパトス的要素とを分析し、その弁証法的統一を論ずるということが私の主なる仕事であった。この間の事情は私の論文集『危機に於ける人間の立場』(一九三三年)において特徴的に示されている。合理的なもの、ロゴス的なものに心を寄せながらも、主観性、内面性、パトス的なものは私にとってつねに避け難い問題であった。パスカルが私を捉えた(『パスカルに於ける人間の研究』一九二六年)のも、あるいはまたハイデッゲル(ハイデガー)が私に影響したのも、そのためである。私の元来の歴史哲学的関心から唯物史観の研究に熱中した時(『唯物史観と現代の意識』一九二八年)においてさえ、唯物史観の人間的基礎を求めようとしたのも、やはり同じ心に出たものである。ロゴス的なもののためにパトス的なものを見失うことなく、しかしまたパトス的なもののためにロゴス的なものを忘れないという私の要求は、やがてヒューマニズムの主張の形をとるに至った。いわば人間学からヒューマニズムへ進んだのであり、その時期を現しているのが私の評論集『人間学的文学論』(一九三四年)である。

すでに云ったようにロゴスとパトスとの統一を対立物の統一として弁証法的統一と考えることは、たとい誤りでないにしても、余りに形式的に過ぎるということは、私自身つねに感じていた。多くの人の手によって弁証法が一種の形式主義、いわば新しい形式論理、便宜主義にさえ堕落させられてゆくのに対して、私も反感をもたざるを得なかった一人である。ロゴス的なものとパトス的なものとは弁証法的に統一されるにしても、その統一は具体的には何処に見出されるのであるか。単なる論理的構成にとどまらないその綜合は現実において何処に与えられているのであるか。この問題を追求して、私はカントが構想力に悟性と感性とを結合する機能を認めたこと(1)を想起しながら、構想力の論理に思い至ったのである。かくして私は私の年来の問題の解決に近づき得るかも知れないという予感に導かれながらこの研究ノートを書き始めた(『思想』一九三七年五月)。しかしその最初の章「神話」を書いていた頃の私にとっては、ロゴスとパトスとの綜合の能力として構想力が考えられたまでであって、一種の非合理主義ないし主観主義に転落する不安があり、この不安から私を支えていたのは、「技術」という客観的な合理的なものがその一般的本質において主観的なものと客観的なものとの統一であるという見解に過ぎなかったと云える。しかるにやがて「制度」について考察を始めた頃から、私の考える構想力の論理が実は「形の論理」であるということが漸次明らかになってきた。ギリシア哲学、特に最近アリストテレスを取り扱った(『アリストテレス形而上学』一九三五年、『アリストテレス』一九三八年)ことが、その点について私の思想を進めることになった。構想力の論理といういわば主観的な表現は、形の論理といういわば客観的な表現を見出すことによって、私の思想は今一応の安定に達したのである。かようにして私は私自身のいわば人間的な問題から出発しながら、現在到達した点において西田哲学へ、私の理解する限りにおいては、接近してきたのを見る。私の研究において西田哲学が絶えず無意識的にあるいは意識的に私を導いてきたのである。もっとも、私のいう構想力の論理と西田哲学の論理との関係については、別に考えらるべき問題があるであろう。

この論文の意図について誤解を除くために、また展望を与えるために、さしあたりなお次の二三の点を取り立てて記しておこう。

構想力の論理によって私が考えようとするのは行為の哲学である。構想力といえば、従来ほとんどつねにただ芸術的活動のことのみが考えられた。また形といっても、従来ほとんど全く観想の立場において考えられた。今私はその制限から解放して、構想力を行為一般に関係附ける。その場合大切なことは、行為を従来の主観主義的観念論におけるごとく抽象的に意志のこととしてでなく、ものを作ることとして理解するということである。すべての行為は広い意味においてものを作るという、即ち制作の意味を有している。構想力の論理はそのような制作の論理である。一切の作られたものは形を具えている。行為するとはものに働き掛けてものの形を変じ(transform)て新しい形を作ることである。形は作られたものとして歴史的なものであり、歴史的に変じてゆくものである。かような形は単に客観的なものでなく、客観的なものと主観的なものとの統一であり、イデーと実在との、存在と生成との、時間と空間との統一である。構想力の論理は歴史的な形の論理である。もっとも行為はものを作ることであるといっても、作ること(*ποίησις*)が同時に成ること(*γένεσις*)の意味を有するのでなければ歴史は考えられない。制作(ポイエシス)が同時に生成(ゲネシス)の意味を有するところに歴史は考えられるのである。構想力の論理は形と形の変化の論理であるが、しかし私のいう形の哲学は従来のいわゆる形態学と同じではない。形態学は解釈の哲学であって行為の哲学ではない。また形態学の多くが非合理主義的であるに対して、私のいう形の哲学はむしろ形相学(Eidologie)と形態学(Morphologie)との統一であり、しかも行為の立場におけるそれを目差すのである。

従来の論理も、恐らく近代科学に拠り所を求めた論理を除いては、すべて形の論理であったといい得るであろう。形式論理を完成したと称せられるアリストテレスの論理は、もと形あるいは形相(イデア、エイドス)を実在と見たギリシア的存在論と結び附いた形の論理であった。けれどもその場合形は不変なものと考えられて歴史的なものとは考えられなかった。弁証法を大成したといわれるヘーゲルの論理も、根本において形の論理であり、ヘーゲルはそれに歴史的な見方を入れたが、しかし彼もまたギリシア的存在論と同様、観想の立場に止まって行為の立場に立っていない(2)。彼の弁証法も反省の論理もしくは追考の論理であって、行為の論理、創造の論理ではない。構想力の論理は形の論理としてアリストテレスやヘーゲルの論理につながるのであるが、それは形を歴史的行為の立場において捉えるのである。しかし構想力の論理は形式論理やヘーゲル的弁証法を単純に排斥するのでなく、かえってそれらを包括する。構想力の論理は原始論理(Urlogik)として、それらを自己の反省形態として自己の中から導き出すのである。

構想力の論理は行為的直観の立場に立ち、(3)従来の哲学において不当に軽視されて来た直観に根源的な意味を認めるであろう。けれどもそれは単なる直観主義であるのではない。真の直観とは反省によって幾重にも媒介されたものである。それは無限の過去を掻き集めて未来へ躍入《やくにゅう》する現在の一点である。しかしながら構想力の論理は単にいわゆる媒介の論理であるのではない。媒介の論理は結局反省の論理に止まって、端的に行為の論理であることができぬ。それは、そこではあらゆる媒介が結局抽象的なものとされ、そしてあらゆる媒介が一つの形に集中される最も生命的な跳躍の一点を(4)逸してしまうのである。そのことは芸術における創作作用において、また一般に技術における発明において明瞭であろう。そして人間のあらゆる行為は、これを環境に対する作業的適応と見るとき、すべて技術的であると云わねばならぬ。技術の根本理念は形である。かようにして構想力の論理を技術と結び附けて考えるならば、形の論理と科学との関係が理解されるであろう。技術は科学を基礎とし(5)、近代科学の発達によって近代技術の目覚ましい発展は可能にされた。そこから考えられるように、構想力の論理は科学の論理に媒介されることによって現実的な論理に発展し得るのである。

固有な意味における科学の理念は近代に至って生まれたものであるが、それ以前においても技術はもとより存在した。それは科学が発達しなかったといわれる東洋においても存在した。技術は人類の文化と共に古く且つ普遍的である。近代科学も技術的要求から生まれたのであり、またつねに技術的目的に適用されている。従って技術の理念であるところの形の理念に定位をとる文化の理念は、科学の理念に定位をとる文化の理念よりも普遍的であり、科学もそのうちに要素的に包括されるのである。近代的ゲゼルシャフト以前のゲマインシャフト的文化(6)の理念は形の理念であったと見ることができる。今日、科学の理念に定位をとった近代のゲゼルシャフト的文化の抽象性が指摘され、新しいゲマインシャフト的文化が要求されているとき、構想力の論理は新文化の創造に対して哲学的基礎を与え得るであろう。しかしこの新しいゲマインシャフトはゲゼルシャフトに抽象的に対立するのでなくかえってこれを止揚したものでなければならぬように、形の論理も科学に抽象的に対立するのでなくかえってこれに媒介されたものでなければならぬ。

形の論理は文化の普遍的な論理であるのみでなく、それは自然と文化、自然の歴史と人間の歴史とを結び附けるものである。自然も技術的であり、自然も形を作る。人間の技術は自然の作品を継続する。自然と文化あるいは歴史とを抽象的に分離する見方に対して、構想力の論理は両者を形の変化(transformation)の見地において統一的に把握することを可能にする。自然から歴史を考えるのでなく、歴史から自然を考えるのである。そこからして構想力の論理はまた、これまで数学的自然科学に対して不当に蔑視されてきた自然並びに文化に関する記述的科学にその正当な位置を与えることができるであろう。

ゲマインシャフト的文化が一般にそうであるように、東洋文化の理念も形であったと云うことができる。しかるにギリシアにおいては形が客観的に見られ、「概念」を意味するようになり、かくして近代科学と結合されるに至ったのに反し、東洋においては形は主体的に捉えられ、かくして象徴的なものと見られた。形あるものは形なきものの影であり、「形なき形」の思想[7]においてその主体的な見方は徹底した。この思想は我々にとって重要である。形は形に対して形であり、それぞれの形は独立である、かような形の根柢にあってそれらを結び附けるものは近代科学の理念とされる法則のごときもの、何らか客体的に捉えられ得るものでなく、かえって形を超えた形、「形なき形」でなければならぬ。形は主観的なものと客観的なものとの統一であるといっても、構想力の論理はいわゆる主客合一の立場に立つのでなく、かえって主観的・客観的なものを超えたところから考えられるのであり、かくして初めてそれは行為の論理、創造の論理であることができる。ただ東洋的論理が行為的直観の立場に立つといっても、要するに心境的なものに止まり、その技術は心の技術であり、現実に物に働き掛けて物の形を変じて新しい形を作るという実践に踏み出すことなく、結局観想に終わり易い傾向を有することに注意しなければならぬ。ここにそれが科学及び物の技術の概念によって媒介される必要があるのである。

右の思想はもとより十分に展開されねばならぬ。私の研究はさしあたり現象学的であり、それも漸くその緒についたばかりである。私はまず神話、制度、技術の三つのものを取りあげたが、私の目的はそれらを主として構想力の論理の見地から取り扱うことであるから、独立の神話論、制度論、技術論としては不完全であることを免れない。私の目的から云っても、それらについてなお考うべき種々の問題があるであろうが、不備な点は論述の進むに従って補ってゆこうと思う。

一九三九年七月

東京に於て

三木　清

＊　この序は「構想力の論理　第一」（昭和十四年七月発行）に附されたものである。

第一章　神　話

一

「構想力の論理」Logik der Einbildungskraft という語はバウムガルテンに由来している。それは「想像の論理」Logik der Phantasie とも呼ばれた。(1) カッシレル〔カッシーラー〕に従えば、想像の論理という概念はバウムガルテンの弟子マイエル(Georg Fr. Meier)及びテテンス(Tetens)によってドイツの心理学のうちに根をおろし、カントにおける「判断力の批判」Kritik der Urteilskraft もこれと関聯を有している。* すでにパスカルは理性の知らない「心情の論理」logique du cœur を見出した。現代においてもリボーの「感情の論理」logique des sentiments (2) あるいはハインリヒ・マイエルの「感情的思惟の心理学」Psychologie des emotionalen Denkens (3) の説のごとき、いずれも抽象的思惟の論理とは区別される論理について述べている。果たしてかように理性の論理と異なる論理は存在するであろうか、存在するとすれば、それは如何《いか》なるものであろうか。ここに構想力の論理という名称を復活させて研究を始めようとするのは、その問題である。我々の意味する構想力の論理は、リボーの感情の論理、マイエルの感情的思惟の心理学等に対して如何なる聯関を有するであろうか。それは溯って形式論理と如何なる関係に立っているであろうか。更に一層重要な問題は、普通に弁証法といわれるものと我々のいう構想力の論理との関係を明らかにすることである。弁証法こそ一般に形式論理と異なる論理であると認められている。

＊ E. Cassirer, Die Begriffsform im mythischen Denken, Studien der Bibliothek Warburg, 1922, S. 6.〔エルンスト・カッシーラー『神話的思惟における概念形式』、『ヴァールブルク図書館研究』〕

およそ形式論理と異なる論理の考えられねばならぬ理由には種々のものがあるであろう。詳細は後の論述に俟《ま》たねばならぬが、研究の出発点において我々の立っている問題状況を示すために、さしあたりその若干の理由を挙げてみよう。

まず形式論理の抽象性が指摘され、これに対して何らかの具体的な論理が要求される。いわゆる形式論理の抽象性は何処《どこ》に存するのであろうか。形式論理はその根源において形相 forma を実在と見たギリシアの存在論(4)と密接に結び附いている。形式論理にいう形式はもと形相の存在論と関係している。従ってもし具体的な物は形相と質料とから成るとすれば、形式論理は物の論理でなく、物の論理としては抽象的であると云《い》われるであろう。ロゴスあるいはヌースはアリストテレスにおいて物から質料を置き去りにして形相のみを受け容れる能力と考えられた。形式論理はいわば単純にロゴス的な論理である。しかるに我々が物そのものに、その物質性における物に突き当たるのは身体によってである。我々は物として物に突き当たる。いまその主体性における身体をパトスと名附けるならば、物の論理は単純にロゴス的な論理でなくて同時にパトス的なものに関わらねばならぬであろう。従来の論理学においては思惟の基礎もしくは前階に知覚が置かれ、我々がそれによって物そのものに触れる感覚はほとんど顧みられなかった。感覚が問題にされることがあったにしても、感覚も知覚や思惟と同様ただ知的な意味において捉えられ、感覚が同時にパトス的な意味を含むことは問題でなかった。ひとが「身をもって考える」場合、身体を有する人間として行為的に思考する場合、形式論理は抽象的であると云われるであろう。そこに主知主義のギリシア的論理に対して感情の論理のごときものがなければならぬように思われる。

形式論理は知識の論理であるとしても、行為の論理ではあり得ないであろう。行為するというとき、我々は身体をもって物そのものに突き当たるのである。行為には身体が必要であり、また行為の対象は抽象的一般的なものでなく、個々の具体的なものである。従って行為の論理は何らか形式論理と異なるものでなければならぬ。しかしそれは構想力の論理のごときものであり得るであろうか。感情の論理といい、構想力の論理というとき、普通に考えられるのは美あるいは芸術の領域である。バウムガルテンは想像の論理によって美学の基礎附けをした。カントが判断力の先験的構造のうちに求めたのも美の法則性の根拠である。かくて構想力の論理のごときものが認められるにしても、それは美の論理あるいは芸術の論理であって、行為の論理とは考え難いようである。しかしながら、もしすべての行為がやがて論ずるごとくポイエシス(制作)の、言い換えると表現的行為の意味を有するとしたならば、行為の論理は、従来単に芸術的表現について考えられたに過ぎぬ構想力の論理がそれであると云い得るであろう。もとより我々はいわゆる審美主義の立場を承認しようとするのではない。かえって表現の根本的な意味を明らかにすることによって、芸術のみでなく一切の行為を、認識作用をも含めて、その根柢において理解し、かくして構想力の論理を表現的世界一般の論理として美の領域への拘束から解放して、道徳や理論、特に理論と実践との関係のうちに示すということが、我々の問題である。

ところで行為は本質的に社会的である。そして形式論理と異なる論理が要求されるに至ったのは特に集団心理に関してであった。形式論理は単に個人的なものでなく、超個人的普遍性を有すると云われるであろう。しかしそれはまさにそのことによって歴史的限定を離れた人間、永遠な抽象的本質としての人間を前提する。歴史的な社会の心理、これによって制約された人間の心理の具体的な活動は形式論理を超えている。言語、神話、風俗、慣習、制度、等、すべて集団心理の産物と見られるものは形式論理によっては捉えられない。歴史の主体は元来いわゆる客観的精神でなければならぬとすれば、形式論理は歴史の論理であることができぬ。弁証法は歴史の論理と見られているが、我々が今ことさら構想力の論理というものを持ち出そうとするのは、歴史を個人的なものに還元しようと欲するのでなく、むしろ反対である。しかし歴史の主体は抽象的一般的なものでなく、また単なる精神ではない、それはいわば社会的身体を具えたものであり、身体性によって個別化されたものである。またあらゆる歴史的なものは環境において存在し、環境に働き掛けると共に環境から働き掛けられる。それは環境を限定すると共に環境から限定されることにおいて同時に主体として自己を自己によって限定してゆく、そこに歴史的な形が作られる。構想力の論理はかような歴史的な形の論理として考えられるのである。

形式論理は主体の論理でなくて対象の論理である。言い換えると、それは既にそこにあるものについての論理である。弁証法もヘーゲルにおいてはなお対象的あるいは客体的であったと云うことができる。主体的立場あるいは行為の立場における論理は、形式論理はもとよりヘーゲル的な弁証法をも超えたものでなければならぬ。行為するとは広い意味において物を作ることであり、新しいものが作られることであるとすれば、行為の論理は創造の論理として構想力の論理のごときものでなければならぬであろう。それは悟性の立場のみでなくヘーゲルのいう理性の立場とも異なり、構想力の立場に立たねばならぬ。構想力の論理が歴史の論理であるということは、歴史を単に理解する立場においてでなくかえって歴史を作ってゆく立場において考えられることである。もっとも、バウムガルテンの想像の論理ないしカントにおける判断力の批判は主として美の領域について考えられたのみでなく、美の理解あるいは享受の立場に立ち、芸術の制作活動そのものの立場に立っていない。しかし構想力が特別に芸術家の能力と見られるのは、芸術的活動が特別に創作と見られることと関係があるであろう。我々の仕事は構想力の論理を美の領域への拘束から解放して広く行為の世界へ導き入れると共に、それを歴史的創造の論理として明らかにすることである。

すでに云ったごとく形式論理はもと単に形式的であったのでなく、それはギリシア的な形相の存在論と結び附き、つまり形の論理の一つであった。ただこの存在論には歴史的な考え方が欠けていた。ヘーゲルの弁証法も或る意味においては形の論理であるが、歴史的な見方を含むという特色を有している。けれどもヘーゲルの哲学もギリシアの存在論と同様、観想の立場に立ち、真に行為の立場に立っていない。構想力の論理は歴史的な形の論理であり、且つこれを作る立場における論理である。それは物の論理であるといっても、物とは歴史的な物をいい、それは表現的なものとして形を有するものである。創造といっても、形のあるものが外に作られることでなければならぬ。歴史的な形は単にロゴス的なものでなく、ロゴス的なものとパトス的なものとの統一である。構想力の論理はかようにしてロゴスとパトスとの統一の上に立っているのである。

しからば構想力とは何であり、構想力の論理そのものは如何なるものであろうか。概括的な答は後に廻して、我々はむしろ現象学的に研究を進めてゆこうと思う。ヘーゲルが現象学から論理学への道を辿った(5)のに倣い、我々は現象の分析のうちに論理を追跡してゆかねばならぬ。

二

神話は最も原始的な観念形態と見られている。十八世紀の啓蒙哲学、十九世紀の実証哲学は、神話の独自性を認めないで、単に科学の前段階のもの、科学の非科学的な代用物に過ぎぬと考えた。コントの三段階説(6)はその古典的な例である。かような見方の誤謬は次第に訂正されるに至った。マリノウスキーに依れば、神話は無駄なラプソディでも空虚な想像の目的のない流出物でもなく、難儀な仕事の、頗《すこぶ》る重要な文化的力である。そのすべての関心は実践的な目的に向けられている。神話は知的な説明でも芸術的な形象でもなく、未開人の信仰と道徳的智慧との実践的な憲章である。* またレヴィ・ブリュールは未開人の心理についての実証的研究に基づいて、彼らの心理と我々文明人の心理との関係は子供の心理と成人の心理との関係でないように、彼らの神話は科学の前段階と見らるべきでないと主張している。** いま我々にとって未開人の神話が特に問題であるのではないが、そこから示唆を得るためにまずその説を検討してみよう。

＊ Br. Malinowski, Myth in primitive psychology, 1926.〔ブロニスワフ・マリノフスキー『原始心理学における神話』〕

＊＊ Lévy-Bruhl, La mythologie primitive, Deuxième édition 1935.〔リュシアン・レヴィ＝ブリュール『原始神話学』第二版〕

未開人の心理はデュルケーム派の社会学者に依れば集合表象 représentations collectives の問題にほかならない。集合表象というのは或る与えられた社会群の成員に共通な表象であり、そこにおいて世代から世代へ伝えられる。それは個人を単に個人と見ることによっては説明されぬ性質を有し、かえって個人に押しかぶさり、個人においてその対象に対する尊敬、恐怖、崇拝等の感情を喚び起こすのがつねである。集合表象は普通にいう表象と同じに考えられてはならぬ。表象といえば普通には、知的な、認識に関わる現象を意味している。しかるに未開人の心理においては表象は感情的且つ運動的 émotionnel et moteur な要素と混《こん》じ、この要素によって彩られ、浸透され、従って表象された対象に対して純粋に知的な表象とは異なる態度を伴っている。感情的且つ運動的な要素はこの表象の構成的な部分である。レヴィ・ブリュールはかような未開人の心理の特徴を、神秘的 mystique でまた前論理的 prélogique であるところに認めた*。神秘的というのは、感覚には分からないけれども実在する力、影響、作用に対する信仰を意味している。未開人の集合表象においては如何なる存在、如何なる物、如何なる現象も我々に対して現れるのと同じでなく、実在そのものが神秘的である。彼らは物の客観的な関係にはほとんど無関心であって、何よりも神秘的な連繋に注意を向ける。出来事の間の因果の自然的な関係は気附かれないか、極めて小さな重要性を有するに過ぎない。彼らの考え方は前論理的である。前論理的という意味は、論理的思惟の出現に対して時間的に前の段階を形作るということではない。未開人の集合表象は我々の思惟のごとく矛盾を避けるように強制されていないという意味において前論理的といわれるのである。レヴィ・ブリュールによれば、集合表象及びその結合は主として「分与の法則」loi de participation に支配されており、論理上の矛盾の法則に対しては無関心である。即ちそこでは物、存在、現象は、自己自身であると同時に自己以外の他のものであることができる。それらは自己自身であるのをやめることなしに自己の外部に感じられる力、能、性質、神秘的作用を発しまた受ける。例えば、ボロロ族の人間は赤い鸚鵡《おうむ》であることを自慢しているが、それは彼らが死後赤い鸚鵡になるとか、赤い鸚鵡が転形したボロロ人であるとかというのでなく、ボロロ人は実際に赤い鸚鵡であると考えているのであって、本質的同一を意味している。彼らは人間的存在であると同時に赤い羽根の鳥である。すべてのトーテム社会においては、分与の法則に従って、一つのトーテム群の個人とそのトーテムとの間に、これに類する同一性を意味する集合表象が存在している。単に静学的見地においてのみでなく、動学的見地においても同様に、或る存在または現象の生成、或る出来事の出現は、神秘的な条件のもとに一の物から他の物へ伝わる神秘的な作用から結果するのである。それは接触、振替、共感、遠隔作用など種々の形式のもとに表象される分与に依存する。未開社会の大多数においては、狩猟や漁撈における獲物の豊かさ、季節や降雨の規則正しさは、一定の人間による一定の儀礼の執行に、あるいは特殊な神秘的力を有する神聖な人間の現在または健康に結び附いている。未開人の心は対象を単に表象する以上のことをする、それは対象を占有し、また対象から占有される。それは対象と交通する。それは単に表象的な意味においてでなく、かえって同時に身体的な且つ神秘的な意味において対象に分与するのである。それは対象を単に考えるのでなく、対象を生きる。儀式や典礼はトーテム群とそのトーテムとの間に真の共生 symbiose を実現する効果を有している。その場合、集合表象は極めて強度に感情的な心的状態であって、そこでは表象は運動や行動から分化することなく、社会群に対してその求める共同 communion を齎《もたら》すのである。

＊ Lévy-Bruhl, Les fonctions mentales dans les sociétés inférieures, Huitième édition 1928.〔レヴィ＝ブリュール『未開社会における精神の機能（未開社会の思惟）』第八版〕

かようにして最も純粋な姿における未開人の心理においては、個人と社会群との、且つ同時に社会群と周囲の物の群との分与が感じられ、生きられる。これら二重の分与は連帯的であって、一方の変化は他方の上に反響する。群の成員である各人の個人意識が強まるに従って、社会群と周囲の存在または物の群との神秘的な共生の感情はより少なく内面的に、より少なく直接的に、より少なく恒常的になる。一方の場合にも他方の場合にも多かれ少なかれ外的な連繫が共同の直接的な感情の代用物となり始める。言い換えると、そのとき分与は表象される傾向を有している。もはや現実的に生きられていないところの、しかもつねに要求されているところの共同は、今や間接的な仕方で求められることになる。分与はもはや社会群の各成員によって直接的に感じられていない故に、それは宗教的なあるいは呪術的な行為、神聖な存在や物、僧侶や秘密結社の成員によって行われる儀礼等を絶えず拡大することによって得られる。レヴィ・ブリュールは神話の起原をまたまさにかくのごときところに認めている。*社会群に対する個人の分与がなお直接的に感じられている場合、周囲の存在の群に対する社会群の分与がなお現実的に生きられている場合、即ち神秘的な共生の時期が続いている限り、神話は稀で貧弱である。これに反して一層進んだ型の社会においては神話は次第に豊富になる。神話は、もはや直接的なものとして感じられていない分与を実現するために媒介物の力を借り、これによってもはや生きられていない共同を確保しようとする場合における未開人の心理の産物である。神話は社会群の自己の過去との、そして同時に周囲の存在の群との連帯性の表現であり、この連帯性の感情を保ち、絶えず新たにする手段である。分与の法則に支配される未開人の心理においては神話はその表現する神秘的な実在との共同の極めて強い感情に伴われている。そこでは客観的な要素よりも神秘的な要素が遥かに重要な位置を占めている。自然史も神聖史のうちに含まれる。我々が客観的と呼び、我々にとって存在を定義し分類する属性は、未開人においては感情的な且つ運動的な要素のうちに包まれ、彼らの注意は専らこのものに向けられるのである。

* Les fonctions mentales, p. 430 et suiv.

ところで社会の発達するに従って論理的思惟が発達し、概念が発達する。これによって前論理的な考え方は消滅してしまうであろうか。レヴィ・ブリュールはかくのごときことは不可能であると述べている。発達した社会においても前論理的な考え方の痕跡は大多数の概念のうちに消滅しないで残っている。存在や現象の客観的な性質や関係を純粋に表現するのは科学的思惟の用いる少数の概念に過ぎず、かような概念は一般に甚だ抽象的であって、現象の特定の性質、その特定の関係を表現するに過ぎぬ。他の最も普通に用いられる概念は、前論理的な考え方においてこれに相応する集合表象があったものの形跡を留めている。例えば、霊魂、生命、死、社会、秩序、血族、美、等の概念を分析するならば、そのうちには分与の法則を示すような或る関係の含まれていることが見出されるであろう。仮に大部分の概念から神秘的な前論理的な要素が取り除かれてしまったとしても、そのために神秘的な前論理的な考え方が完全に消滅するとは云えない。純粋な概念とその合理的組織とによって実現される論理的思惟は以前の表象のうちに表現された心理と同範囲に亙るものではないからである。後者は純粋に知的な機能を有するのでなく、知的な機能はそこでは未分化の要素として運動的な、特に感情的な要素と融合して複雑な全体を形作っている。従って社会の発展の経過において認識機能が分化し、集合表象のうちに含まれていた他の要素から分離し、かくして一種の独立性を獲得するにしても、それはそれが除外した要素の等価物を供給することができぬ。この要素の一部分はそれの外部に、それと並んで限定されない形で存続する。論理的思惟の発達は分与の法則のもとに形成された表象が矛盾を含む場合容赦しないであろう。論理的思惟がかように不寛容であるに反して、前論理的な神秘的な心理は論理的要求に対して無関心である。それは矛盾を求めもしないが、矛盾を避けもしない。論理の法則に従って厳密に秩序附けられた概念の体系と隣り合っていることも、それに対してほとんど何ら影響を及ぼさない。論理的思惟は決して前論理的な心理の普遍的な相続人であることができぬ。強く感じられ生きられた分与を表現する集合表象はその論理的矛盾の証明にも拘らずつねに維持される。分与の内面的な生々《いきいき》した感情は論理的要求の力に匹敵することができ、且つこれを超えている。多くの制度、宗教上の、道徳上の、政治上の制度はかような集合表象を基礎とし、またその表現である。我々の社会においても分与の法則によって支配されている表象及び表象の結合は決して消え失せることなく、論理的法則に従う表象及び表象の結合と並んで存続している。実に「我々の心的活動は合理的であると同時に非合理的である(7)」。そこにレヴィ・ブリュールはまた宗教上の教理や哲学体系の歴史を説明する鍵があると云っている。

三

さてレヴィ・ブリュールの云うごとく我々の社会に至るまで一層進歩した社会においても集合表象が存続するとしたならば、神話は単に人類発達の原始的な段階に属するものでなく、むしろあらゆる社会においてつねに存在するものでなければならぬであろう。なぜなら彼の云うごとく個人の社会に対する分与が直接的に感じられ現実的に生きられている限り神話はかえって稀であり、要求されるその分与が間接的な手段によって達せられねばならなくなった場合に神話が生ずるとすれば、社会の発達と共に個人意識が発達した場合には集合表象の表現は何よりも神話の形式を採らねばならないであろう。単に古代の神話があったのみでなく、それぞれの時代にそれぞれの神話がある。自由、平等は十八世紀の神話であった。現代には現代の神話があり、いわゆる「二十世紀の神話」(Alfred Rosenberg, Der Mythus des 20. Jahrhunderts, 1930.)がある。今日、神話の重要性はローゼンベルクのごとき非合理主義者が考えるのみでなく、主知主義者といわれるヴァレリイのごときも、「最初に神話があった」(Au commencement était la Fable!)と記している。* しかもそれは単に時間的な意味においてのみでなく、むしろ論理的な意味においてそうである。この社会の制度そのものがすでに何らか神話的意味を含むと云うことができる。我々にとって問題であるのは現在も存在しまた創造されるような神話である。神話をかように見た上で、それと構想力との関係は如何なるものであろうか。

＊ Paul Valéry, Petite lettre sur les mythes, Variété II, 1930, p. 255.〔ポール・ヴァレリー「神話に関する小書簡」、『ヴァリエテ　第二』〕

神話は単なる認識の産物でなく、感情的な且つ運動的な要素がその中で重要な位置を占めている。神話の形成には分与の法則のごときものが働くであろう。しかし分与が直接的、いわば本能的でなく、かえってレヴィ・ブリュールの語によれば「分与が表象される傾向を有する」場合に初めて神話が生ずるとすれば、そこには或る論理がなければならぬであろう。この論理は感情の論理であり、更に適切に想像の論理もしくは構想力の論理と呼ばれることができる。リボーに依れば、人間が外的並びに内的感覚の直接的知識を超えるや否や、彼が直接的経験あるいはその追憶によって与えられるものの彼方に冒険を企てるや否や、説明し、推量し、予見するために、彼は二つの手続き即ち推理すること raisonner と想像すること imaginer とをしか有せず、子供や知的文化を持たぬ民族において見られるごとく両者はもと混合したものであるが、人間精神の発達に従って分化し、合理的論理と感情の論理との間の分離が生ずる。即ちリボーのいう感情の論理も想像の論理にほかならない。感情的推理は多くの場合想像の、特に創造的想像の作業である、と彼は書いている。*またレヴィ・ブリュールによれば、未開人にとって神話と夢とは全く類似の性質を有している。彼らの心理においては可視的な世界と不可視的な世界とは一つである。感覚的な実在と神秘的な力との間には絶えざる交通が行われている。かようなことは夢の中で最も直接に、最も完全に実現されるであろう。夢に見られるものは未開人にとって覚醒時に得られる知覚と同価値のものである。彼らにしても粗野な心理的錯覚に欺かれはしない。彼らは夢と覚醒時の知覚とを区別することができ、眠れる時のほか夢みないことを知っている。ただ夢に見られたものが多く矛盾を含むとしても、未開人の心理においては矛盾の原理は重要性を有しない。彼らといえどもすべての夢を無差別に信ずるのではなく、或る夢は信ずべき真の夢 vision とせられ、他のものは単なる夢 rêve に過ぎぬとせられる。しかしかような留保をした上で、未開人の眼にとっては夢に見られたものは覚めた状態において認められたものと同様に、むしろそれ以上に、実在的である、なぜなら夢の中で啓示されたものは高次の秩序に属し、事物の経過に対して不可抗的な影響を及ぼすと信ぜられるから。かくして夢の入る世界と神話時代の世界とはほとんど区別されない、とレヴィ・ブリュールは書いている。** しかるに構想力と夢との類似はすでに古くから云われてきた。社会学者のいわゆる集合表象は構想力において継続され、純化されるのであって、神話はその一つの場合であると考え得るであろう。

* Th. Ribot, La logique des sentiments, Préface.〔テオデュール・リボ『感情の論理学』「序」〕

** La mythologie primitive, XXIV–XXVI. なお同じ著者の La mentalité primitive, chapitre

III（第二冊目）『原始的心性』第三章）を見よ。

構想力の作用と夢、また幻覚、更に狂気との近親は、これまで特に詩人の構想力についてて語られている。それらに共通な特色は、想像表象の強さ、その感覚的な明らかさ、現実の限界を超えてのその自由な形成である。詩人は彼の構想力の産物である諸形態、諸状況を知覚と同じようにはっきりと見る。彼は自分の作り出した人物が現実の人間であるかのように彼らと一諸に生活し、彼らの苦痛を現実の苦痛と同じように感じる。フロベールは、ボヴァリー夫人が毒を飲む有様を描いたとき、自分の舌に砒素の味をはっきりと感じ、続けさまに二度まで食物を吐いた、と云っている。またゲーテは、悲劇を書こうと企てるだけで怖《おそろ》しくなり、この企てによって身を毀してしまうかも知れないという気がした、とシルレル〔シラー〕に話している。それらの場合一種の深い分与が認められる。ところでディルタイは、詩人の構想力に基づき心像Bildが現実的なものを超えて自由に展開する場合に従う法則を分析し記述することを試みた。* 芸術における構想力の作用は認識におけるそれとはもとより神話におけるそれとも区別されねばならないけれども、彼の説には一般的に見て我々の研究を進める上に手懸かりとなり得るものが含まれている。

＊ Wilhelm Dilthey, Dichterische Einbildungskraft und Wahnsinn, Gesammelte Schriften, VI. Band.〔ヴィルヘルム・ディルタイ「詩人の想像力と狂気」、『全集』第六巻〕

従来の支配的な心理学においては表象は固定した事実として取り扱われ、かかる表象が互いに再生し合い、押し退け合う法則が立てられた。しかしこのような法則は抽象に過ぎない。現実の精神生活においては心像の、即ち解体されていない単一な表象の運命は、感情と注意の分配とに依存している。心像はかくして衝動的な力を得る。それは生命であり、出来事である。それは生じ、展開し、再び消え失せる。心像はその組成要素が脱落しあるいは排除されることによって変化する。物理学者が夢に空を飛ぶとき重力の経験は彼にとって失われ、画家がモデルからマドンナを描き出すとき反撥する特徴は排除される。また心像は伸びたり縮んだりすることによって、それを組成している感覚の強度が増したり減じたりすることによって、変化する。夢の中では棚から落ちる本の音が砲声となり、隣の人の鼾《いびき》が怒号する激浪となり、足の裏の下の湯タンポに触れてはエトナの頂上をさまよっているように思われる。更に心像及びその結合は、その最も内的な核の中へ新しい組成要素や結合が入り込んでこれを補足することによって変化する。聯想が種々にかような変化を導き入れる。かくて「構想力の原現象」Urphänomen der Einbildungskraft ともいうべきものは、ゲーテが自分について観察した心像の展開に存している。ゲーテは云う、「私にはかような天分があった、眼を閉じ頭を垂れて、眼の中央へ向けて一つの花を思い浮かべると、その花はひとときもその最初の姿に止まらないで、花は解きほぐされ、その内部から再び多彩な、そして緑の葉をもった新しい花が展開した。それは自然の花でなくて空想の花なのではあるが、彫刻家の薔薇形装飾のように規則正しい。芽ばえ出てくる創造物を固定することは不可能であった(8)」。またオットー・ルートヴィヒは告白している、「私の行き方はこうだ、まずある気分、或る音楽的な気分が先に来て、それが私には色となり、次いで一つのあるいは幾つもの形態が、何か或る身構えとか身振りとかにおいて、単独にあるいは互いに対しているのが見えてくる。不思議にもかの像もしくはかの群は、普通には大団円の像でなく、しばしば単に何かある感動的な状況にある一つの特徴的な姿に過ぎぬ。初めに見られた場面から、時には前方に向かい、時には終末に向かって、絶えず新しい彫塑的な身振狂言的な形態と群が飛び出してきて、遂に私は全体の戯曲を持つのである。これらの一切は非常な遽《あわただ》しさで起こり、私の意識はそのとき全く受動的な状態にある(9)」。ディルタイに依れば、心像は心における一つの出来事であると同時に一つの形成過程 Bildungsprozess である、それは心的生活の全体の聯関によって制約されまた基礎附けられている。表象もしくはその組成要素はこの聯関の作用のもとに内的変化を遂げる。心的聯関は普通には意識に上らないにしても、つねに一つの全体として統制的に働いている。しかるに夢や狂気においてはこの統制が減じあるいは失われ、心像は気随に展開し、結合される。これに反し詩人の構想力においてはこの聯関が働いているのであって、ただ感情、情緒、感官的組織の異常な力が現実の限界を越えて心像を自由に展開させるのである。天才は何ら病的な現象でなく、かえってかような心的聯関の完全性と力とから発するところの本質的なものに対する眼光である。ここに心理主義の誤謬に陥ることは避けねばならぬけれども、心理学において認められることは論理学においても認められるであろう。古典的な心理学においては表象は個々の固定した事実と見られた。それはいわゆる原子論的公理の上に立っている。*同じように古典的な論理学においても表象は固定した内容を有するものと考えられた。ボルツァーノの「表象自体」(10)の思想はかくのごとき見方の対象論理的に純化されたものであると云うことができる。表象についてのこの見方は形式論理における同一の原理もしくは矛盾の原理と結び附いている。ギリシアの論理はその意味においても表象の論理であったのである。しかるに構想力の論理においては心像そのものが動的形成的なものと考えられる。表象は形像として孤立したものでなく、感情と内面的に結合し、一つの全体によって活かされている。その基礎は原子論的公理とは反対に全体性の公理である。

＊ Vgl. Karl Bühler, Die Krise der Psychologie, Zweite Auflage 1929.〔カール・ビューラー『心理学の危機』第二版〕

次にディルタイによれば、我々の精神物理的存在のうちに我々にとって内的なものと外的なものとの関係が与えられており、そしてこの関係を我々は到る処へ移し入れる。我々は我々の内的状態を外的形象によって解釈しないし感覚化し、外的形象を内的状態によって生気づけないし精神化する。そこに神話の、形而上学の、とりわけ詩の強力な根源がある、とディルタイは述べている。芸術作品の核心をなす観念性はかように外的形象による内的状態の象徴化に、内的状態による外的現実の生命化に存している。構想力の論理は象徴の論理であると云うことができる。カッシレルのいわゆる「象徴的形式の哲学」(Ernst Cassirer, Philosophie der symbolischen Formen, 3 Bde, 1923–29.)は構想力の論理に従って書き更《か》えられねばならぬであろう。従来の論理学においては論理の法則は抽象的に思惟の法則ないし形式として、従って抽象的に主観の法則ないし形式として規定された。あるいは他方、それは同じく抽象的に客観もしくは対象の法則ないし形式として規定された。言い換えると、論理は主観と客観との生命的な結合点あるいは一致点において捉えられていない。しかるに構想力の論理はまさにその点に見られるのである。それは単なる意識の活動に属するのでなく、むしろ我々の精神物理的存在のうちに根をおろしている。

更に構想力の象徴化と関聯して、ディルタイは、詩人において働く構想力の規則性から構想力は型(タイプ)的なものを、観念的なものを作り出すということが従ってくる、と述べている[11]。すでに夢や狂気においても感覚や内的状態に、これらの状態を解釈し、説明し、表現する一定の形象が注目すべき規則正しさをもって結び附くのが見出される。それは貧弱な、萎縮した象徴の一種である。しかし人類においては神話や形而上学や詩の象徴が豊富に、しかも合法則的に発展する。象徴とはタイプ的な形象である。タイプは形式論理における類概念のごときものではない。タイプは個別的であると同時に一般的である。それはどこまでも個別的なものでありながらつねに一般的なものを指示している。構想力の論理は型の論理である。タイプは単に客観的なものではない。それは単に外部にあるものの模写あるいは抽象ないし概括ではなく、内部から、自己の情熱から作り出されるものである。タイプは観察の混ぜられたインスピレーションの創造であるとユーゴーの云ったごとく、ロゴス的なものとパトス的なものとの統一としての形である。

構想力の論理にとって展開、全体性、象徴、型、等の概念は基本的なものであろう。ただそれは生の哲学の内在論をとることができぬ。構想力の論理は主観主義並びに客観主義の抽象性を脱するといっても、いわゆる主客合一の立場に立つのでなく、かえってこれをも超えた立場に立つのである。しかし今ディルタイ流の内在論を批評するに先立って、我々は再び神話の問題に戻り、その性質と哲学的根柢とについて考察しなければならぬ。

四

未開人の神話と普通に神話として知られるもの即ちギリシア神話、エジプト神話、インド神話などとは、まして現代の神話といわれるものとは、直ちに同一に見ることができないであろう。そこにはブランシュヴィクのいわゆる「知性の年齢」(12)の差があり、これに応じて構想力の年齢の差が、あるいはむしろ構想力の論理における段階の差が考えられるであろう。しかしレヴィ・ブリュールも云うように、かの前論理的な考え方は今日に至るまで文化社会においても存続し、それが神話の源泉と認められるとすれば、あらゆる神話のうちに何か共通の構造が含まれるのでなければならぬ。そして詩人の構想力の作用と神話の創造における構想力の作用とは直ちに同じでないにしても、ディルタイのいう詩的構想力の法則に類するものがすでに未開人の神話のうちにも或る仕方で働くのが見られるであろう。まず集合表象においては表象は孤立したものでなく、感情的な且つ運動的な要素と一つであることをレヴィ・ブリュールは力説している。心像はそこでは全体によって生かされたものである。次に神話の論理は一種の象徴の論理であると云うことができる。分与の法則に従う未開人の集合表象においては、物は自己自身であると同時に自己以外の他の物である、「一切の物は可視的存在と同様に不可視的存在を有する」(13)ということは、まさに象徴を意味するであろう。ブランシュヴィクも指摘したごとく、レヴィ・ブリュールのいう分与の概念はプラトン及びマルブランシュの哲学を想起させる。* すでに十六世紀末以前に一人のスペインのエズイタ派の僧侶は、ペルーのインディアンの神話的思想について語りながら、そこにはプラトンのイデア説を思わせるものがあると言明した。神話解釈における象徴主義はアレキサンドリア学派の新プラトン主義に発するといわれている。新プラトン主義者及び彼らの説を発展させたクロイツェル(14)によれば、神話は象徴にほかならない、この象徴はもと哲学的教義や道徳的観念を包むように定められたものであるが、後に至ってかような象徴の意味は失われ、神話は実際の事実として理解され、歴史的形式のもとに発展したのである。しかし我々はあらゆる神話にプラトンの神話と同様の起源と生成とを認めることができないであろう。そのうえかくのごとき象徴主義の弱点を突く批評としてトゥタンはルナンの次の言葉を挙げている、** 「太古において人類が教義を覆うために、教義と象徴とをはっきり区別しつつ、象徴を創造したと推量することは甚だ重大な誤謬である。これらすべてのものは、思想と言語、イデーとその表現とのごとく、同時に、同一の弾みをもって、不可分の瞬間において生まれたものである。神話は包むものと包まれたものという二つの要素を含むのではない、それは未分のものである。未開人が彼の創造した神話の意味を理解したかどうかという問《とい》は当を得たものではない、なぜなら神話においては志向は物そのものから区別されていないから。ひとは神話をその彼方に何物も見ることなしに、単一な物として、二つの物としてでなく、理解した」。*** もっともルナンのこの言葉は神話の有する象徴性を否定したものでなく、かえって象徴の一層深い意味を示したものにほかならぬ。象徴とは内と外とが一つであるということである。外部を離れて内部があるのでなく、内部と別に外部があるのでもない。内即外、外即内というところに象徴は成立する。普通に象徴において象徴された意味と考えられるものはいわば第二次的に後から抽象されたものに過ぎぬ。象徴の意味は単に客観的に捉えられ得るものではない。プラトンにおいても神話は単に図解的 illustrative なものであったのではない、それはすでに論証によって得られた結果を絵画的にするアレゴリイであったのではないのである。**** プラトンにおいても神話はイデア説を越えたところに、イデアが生成並びに主体の問題と関係附けられることによって創造されたのである。象徴は内と外とが一つのものであり、しかもそれがなお象徴といわれるとすれば、象徴の最も深い意味は象徴する物なくして象徴するということでなければならない。神話の特色とされる擬人論は象徴の低い段階に属するに過ぎぬ。真の象徴は何物かの象徴であるのでなく、象徴する物なくして象徴するということが象徴の本質である。しかしそのことは何をいうのであろうか。そこに構想力の超越的問題が横たわっている。

* L. Brunschvicg, Les âges de l'intelligence, 1937, p. 25.〔レオン・ブランシュヴィック『知性の年齢』〕
** J. Toutain, Études de mythologie et d'histoire des religions antiques, 1909, p. 36.〔ジュール・トゥタン『古代宗教の神話と歴史に関する研究』〕
*** Ernest Renan, Études d'histoire religieuse, pp. 26, 27.〔エルネスト・ルナン『宗教史研究』〕
**** Cf. J. A. Stewart, The Myths of Plato, 1905.〔ジョン・アレクサンダー・スチュワート『プラトンの神話』〕

神話においては志向と物そのものとが区別されないというルナンの言葉は、神話の創造における構想力の働きを明らかにするであろう。構想力 Einbildungskraft, imagination は像 Bild, image を作り出す能力であるが、かような像は本来単に図解的 illustrierend なものではない。図解的な像においては、それから独立に客観的なイデア的意味が存在し、感性的な像はこのものに対する直観化 Veranschaulichung の働きをなすに過ぎないと考えられる。フッセル〔フッサール〕に依れば、想像の像 Phantasiebild はかように図解的なものであり、意味賦与的な作用に属することなく、思念された意味を直観的に例示するに止まっている、imaginatio（構想力）の像は intellectio（知性）にとって単に手懸かりを与えるに過ぎず、理解の補助となるにしても、それ自身、意味または意味の担い手として働くものではないというのである。* この種のプラトン主義ないしデカルト主義によっては構想力の本質は捉えることができぬ。構想力は理性よりも根源的である。人間と動物との最初の区別をなすものは理性でなく構想力である。「文明の低い段階においては理性よりも以上に構想力が人間を動物から区別する、そして芸術を追放することは思想を追放することであり、言語を追放することであり、一切の真理の表現を追放することであろう」、とジョウエットは云っている。** 構想力の像が思想の象徴と見られるべきでなく、むしろ逆に思想がこの像の象徴と見らるべきである。構想力においては主観的なものと客観的なものとが一つである、主観的即客観的、客観的即主観的というのが構想力の論理である。「構想力によって我々の感情的な能力と知的な能力との間に絶えざる一致が建てられる」とメーヌ・ドゥ・ビランが云ったごとく、我々の主観的な能力と客観的な能力とは構想力において直ちに一つに結び附いている。(15) そこにはパトスとロゴスとの内的な統一が存する。また「構想力によって身体と精神とは聯関する」とカスネル(Rudolf Kassner)が云ったごとく、身体と精神とを分離する二元論においては構想力の積極的な本質は理解されないであろう。主観的即客観的という意味において構想力は「勝れて形而上学的な能力」faculté métaphysique par excellence もしくは「存在論的な能力」と見られ得るであろう。[***] 外界の実在性を意志に対する抵抗として説明しようとしたフィヒテの思想、そのディルタイにおける変形も、いまだ主観主義を脱したものでなく、そしてそれはなお自然的存在に定位したものであって、芸術作品の実在性を初め、およそ歴史的な表現的な世界の実在性はそれによっては説明されない。この世界の実在性は構想力の論理によって基礎附けられねばならぬように思われる。しかし構想力において主観的なものと客観的なものとが一つであるといっても、単なる主客合一の立場において外界の実在性のごとき問題が考えられるというのではない。構想力の論理はかえって主観的・客観的なものを全体として超えたところに見られねばならず、従ってここでも構想力の超越論的性質が問題でなければならぬ。神話における超自然的なものと自然的なものとの混合はかような超越の原始的な形像である。

* Ed. Husserl, Logische Untersuchungen, Dritte Auflage 1922, II, 1. S. 61ff.〔エトムント・フ

ッサール『論理学研究』第三版〕

＊＊ Jowett, The Dialogues of Plato, Introduction to the Republic, p. CLXIV.〔ベンジャミン・ジョウェット『プラトンの対話篇――『国家』入門』〕

＊＊＊ Voir A. Petitjean, Imagination et réalisation, 1936, p. 27.〔アルマン・プティジャン『想像力と現実化』〕

分与の概念は主観的なものと客観的なものとの一致の意味において構想力にとって例えば感情移入その他の概念に比して遥かに重要であろう。その意味が普通に考えられるようなプラトンのイデア説の範囲内においては十分に理解され得ないことはすでに述べた通りであるが、ブランシュヴィクは、分与は未開人の心理の意味に拡げられる場合ストア哲学の汎混合 panmixie のごとき意味を有すると論じている。(16)明らかに分与は未分割の状態を意味している、けれども構想力による身体と精神との一致がいわゆるモニズムの立場において考えられないように、分与はストア的な汎神論を基礎としては理解されない。トゥタンに依れば、神話の特徴的な性質は少なくともその一部分が超自然的な且つ非合理的な出来事の物語であるということに存するが、(17)その地盤はフェティシズムやアニミズムでなく、しかしまた汎神論や一神教でなく、多神論が豊富な多彩な神話の存在に必要な条件である。未開人の神話はギリシア神話などと同じ意味において多神論的と見られ得ず、またそれはフェティシズムないしアニミズムの要素を含まないとは云われ得ないであろう。しかしながら彼らの社会においては、諸神話が相互に一般的な論理的な連絡を有することなく、その意味において多元的であることは、多くの人々によって注意されている。具象的な表現に対する欲求、特殊な物や行動を表す語彙の豊饒は、彼らの社会に共通な特徴である。彼らの心像における具体的な特殊性の富そのものが彼らにとって特殊な心像から一般的な観念への移行を不如意にしている。かようにして神話の創造のうちに構想力の作用を認めるならば、構想力はつねに特殊なものと結び附いている。そしてそれは未開人の場合に止まらない。構想力の作り出すものは概念でなくて形である、そして「形の多様性」Mannigfaltigkeit der Form が構想力の論理の根柢である。形は一でなく、形は形に対し、形は多であることによって形である。構想力の論理は個物の論理である。もとよりそれを論理という以上、特殊は何らか一般的なものと関係しなければならず、個物と個物とは何らか一般的なものによって関係附けられているのでなければならぬ。しかしかかる一般的なものは客観的に捉えられ得るものではない、個物と個物とは客観的な一般者によって結び附けられているのではない。形の多を結び附ける一は形であるよりも形無きものである、それはいわゆる「形なき形」である。「すべて生ずるものは象徴である、それは完全に自己自身を表現することによって爾余のものを指示する」[18](ゲーテ)。個物は個物として自己を完全に表現することによって、他の同様に独立な個物と無限に連なるのである。個物の独立性がどこまでも承認されつつ、しかも個物が自己とは全く異なる一般者において相互に関係附けられているところに構想力の論理が認められねばならぬ。特殊と一般との関係は差し当たり次のように理解することができる。構想力とは像を作る能力であるが、この像はつねに個物的なものである。それは像として或る知的なものであり、構想力は知的なものと考えられる。しかし他方構想力は単に知的な能力でなくかえって感情であり、感情の性質は一般性(全体性)と見ることができる。従って構想力において個物的なそして知的な像はつねに同時に一般的な意味を有している。個物的と一般的という相反するものはそこでは直ちに一つに結び附いている。個物的即一般的、一般的即個物的というのが構想力の論理である。この場合もとより構想力は単に心理学的な意味に理解さるべきでなく、その超越論的な意味が問題である。また我々は未開人ないし古代人の神話のうちに構想力の論理が芸術的創作におけると同様の姿において発現していると考えるのではない。それが集合表象によって制約され、しかるにこのものの基礎となっている一般者が真の一般者でなく、個体の独立性を否定するところに神話の制限が認められるであろう。

ウゼネルに依れば、あらゆる神話的表象作用において心霊化 Beseelung と形像化 Verbildlichung とは二つの主要な過程である。* 単に心霊化もしくは人格化によって神話が与えられると考えるのは間違っている。同時に意識の深みから形像が浮かび出て心霊化と結び附かねばならぬ。二つの過程は結合したものであり、この秘密に充ちた根源のうちにあらゆる宗教的表象の、そしてまた言語や詩の基礎がある。かような心理並びに運動形式は、悟性的思惟と科学とに対し、「神話的」mythisch と呼ばれる。その過程は生理的刺戟《しげき》の作用と同じように無意的に無意識的に作用し、比論的推理の場合を除き、あらゆる思惟法則の外に立ち、しかも精神に対し直接的な確実性と現実性とを有している。神話的表象作用にとって物と像とは完全に一つである。かくのごとくウゼネルが心霊化と形像化というのは、前者は感情的なもの、後者は知的なものと見られ、それらが一つに結び附いたものあるいはそれらを一つに結び附けるものとして、我々は構想力を考える。更にウゼネルは、シュライエルマッヘルが宗教と科学とを単に直観と理性として区別したのを不十分であるとし、両者は我々の意識に上る精神的過程においても根本的に異なっており、しかも両者の統一点が存しないわけでなく、科学者における新しい思想も詩人の構想に類似するところがあり、共に神話的表象作用と同一の精神力によって生ずると述べているが、そこに構想力の論理が働くと我々は考えるのである。

＊ Hermann Usener, Mythologie in „Vorträge und Aufsätze“, Zweite Auflage 1914, S. 58 ff.〔ヘルマン・ウーゼナー「神話」、『講演と論文』(第二版)所収〕

五

構想力においては知的なものと感情的なものとが一つに結び附いている。リボーに依れば、構想力はつねに知的要素と感情的要素とを含み、その内的な統一である。＊それ自身のうちに内面的に且つ生成的に知的要素を含むところに、構想力と単なる感情とが区別される。従って構想力の哲学は単なる合理主義でも単なる非合理主義でもない。構想力の論理は感情の論理であるよりも形像の論理である。形像は動的発展的なものである。構想力の論理は静的論理ではない。形像が動的発展的であるのは、それが元来感情的なものと知的なものとの、主観的なものと客観的なものとの綜合として生成するものである故である。ところで神話からあらゆる知的要素を排除しようとしたのは、現代の神話理論家として注目すべきソレルである**。ソレルは、主知主義の哲学は歴史上の偉大な諸運動の説明に対して根本的に無力である、と考えた。すべての革命的時代において人々はそれぞれ異なる形の神話によって革命に準備され、そして神話を頼りに行動してきた。この場合行動の以前に受け容れられていた神話と行動によって成就された事実とを比較して論議することは無意味である。歴史的力としての神話は全体として取らるべきであって、諸要素に分解してはその現実的な意味を捉えることができぬ。かくしてソレルはユートピアと神話とを峻別している。神話は事物の叙述でなくて意志の表現である。ユートピアはこれに反し知的労作の産物である、理論家は事実を観察し、反省し、論議した後に、現存社会をそれと比較し得るようなモデルを作ろうとする、それは空想的な制度であるが、それについて思弁し得るに十分であるだけ現在の制度との類似を提供している。しかるに神話は一定の社会の確信の運動の言葉における表現であり、行動に相応する感情の総体を一切の反省的分析の以前に一纏めに唯一の直観によって喚び起こすものである。各々の瞬間が独創的な歴史の運動においてはあらゆる予知が拒まれている。予知するとは物が創造されるに先立って創造することである故に自己矛盾である。ソレルは自己の神話論はベルグソンの哲学を根拠とすると称しているが、そのうちには種々の重要な洞察が含まれている。まず、神話は従来多くの場合芸術的な見地から考察されてきた。しかるにソレルにおいては神話は歴史的力として行為に関係附けられ、その立場から評価されている。次に、神話といえば普通に、過去に属するもの、それ故に伝統的保守的なものと見られるに反して、ソレルは現代の神話(社会主義的革命、サンヂカリストの総同盟罷工)を考え、それが現在の行為に、従ってまた未来に働き掛ける意味を理解した。神話の歴史的創造性の強調は彼の説の著しい特色をなしている。更に、神話とユートピアとの区別も注目すべきものであろう。ひとは未来について過去と類似のものあるいは過去の諸要素に類似する諸要素をもって再び組み立て得るもののほかは予見しないとベルグソンが云った通り、ユートピアは真に未来の像を描くものでなく、過去のものを未来のうちに投射するに過ぎぬ。ソレルはまたユートピアのオプティミズムを反動的と見做し、ペシミズムなしには如何なる崇高なものも成就されないと考えた。

＊ Th. Ribot, Essai sur l'imagination créatrice.〔リボ『創造的想像力論』〕

＊＊ Georges Sorel, Réflexions sur la violence.〔ジョルジュ・ソレル『暴力論』〕拙著『唯物史観と現代の意識』一〇一頁以下〔全集第三巻一〇五頁以下〕参照。

しかしながら神話とユートピアとの区別は大切であるにしても、神話から一切の知的なものを排除することは不可能である。神話的要素を含まぬユートピアの存在しないように、ユートピア的要素を含まぬ神話も存在しないであろう。神話における知的なものとは客観的な一般的な知識のごときものをいうのではない。ソレル自身が神話を心像 image と云いあるいは表象 représentation とも云うとき、それは構想力の像をいうのでなければならぬ。構想力は単なる感情でなくて同時に知的な像を作り出す能力である。神話の形成のうちに構想力が働くことはソレルの考えるような神話においても明瞭である。ソレルは、神話は意志の表現であると云い、そしてニューマンの次の言葉を肯定しつつ利用している、「厳密に云えば、行動を創造するのは構想力(想像)ではない、それは希望もしくは恐怖、愛もしくは憎悪、欲望、激情、エゴイズムの、自我の衝動である。構想力はこれらの起動的な力を動かすという役割を有するに過ぎぬ、そしてそれはこれらの力を刺戟するに足る強力な対象を我々のうちに現前させることによってそのことに成功する」[19]。感情と意志とを別個のものと見ることができるかどうかが疑わしいのみでなく、身体性から抽象して構想力を考えることはできない。構想力はまさに希望もしくは恐怖、愛もしくは憎悪、欲望、激情、衝動等と結び附いたものであり、それ故にデカルトやパスカルは構想力を誤謬の根源とも見做したのである。構想力は感情と結び附き、その中から像を作り出す。構想力によって感情は対象的なものに転化され、そのものとしても強化され、永続化されることができる。我々はソレルの直接行動論の神秘的な浪漫主義、非合理的な主意主義に賛成し得ない。感情のうちにも論理がある、構想力の根柢に意志があるのでなく、むしろ意志の根柢に構想力がある。我々は一方主意主義の非合理主義に同意し得ないと共に、他方意志の根柢に理性をおく主知主義の決定論にも同意し得ない。意志の自由の問題は、単なる合理主義によっても単なる非合理主義によっても解決されぬ。構想力の哲学は、抽象的な合理主義と非合理主義とを共に超えたものとして、意志の自由の問題に対しても解決の鍵を与えるであろう。すでに神話がそうであるごとく、ユートピアの生成においても構想力が働いている。ユートピアも構想力の産物である。そして構想力に関して神話とユートピアとの差異を考えるならば、カントにおける構想力の区別に従って、神話は生産的構想力 Produktive Einbildungskraft に、ユートピアは再生的構想力 Reproduktive Einbildungskraft に属すると見ることもできるであろう。カントは深い洞察をもって予見 Vorhersehung を想起 Erinnerung と同じく再生的構想力の作用に帰しているが、それはユートピアについてのベルグソン的・ソレル的見解に一致させられることもできるであろう。[20] 歴史的世界において神話はユートピアに先立ち、ユートピアは科学に先立つ、構想力は理性よりも根源的である。ユートピア的社会主義は科学的社会主義に先行した。そしてもしソレルの直接行動論における総同盟罷工のごとき神話は逆に、すでに与えられている社会主義の理論を劇的に集中的に表現したものであるとすれば、ここに理論が実践の立場へ移される際における構想力の作用という一つの重要な問題が提出されることになる。実践的思考の能力とは一般的な理論を具体的な形に転化する能力であり、かように Theorie(理論)を Form(形)に転化する能力は構想力に属している。実践家の構想力によって理論は形となるのである。

しかるに理論が実践家の構想力によって直観的な像に転形して現前するに至るというには、理論の根柢にすでに或る仕方で構想力が働いているのでなければならぬ。いまソレルに就いて見れば、彼は社会現象の科学的研究にとって根本的なものとして三つの規則を述べている。* 一。現象の間に建てられるすべての分類、すべての関係、事実がそのもとに現れる様相は、追求される実践的な目的に依存している、この目的をつねに明瞭にしておくことが賢明である。従って社会学や経済学においては、初手から、率直に主観的な行き方を採ることが、自分の為そうとするところのものを知り、かくしてその一切の探究を自分の推奨する種類の解決に従属させることが、必要である。例えば社会主義は、あらゆる問題を極めてよく限定された精神において取り扱い、自分が到達しようと欲するところを知っている——少なくとも労働運動が自分の上に十分な圧力を加えている限り——という点に大きな利益を有している。二。概念による認識方法は古代において、動かぬもの、幾何学的な存在を研究するために作られたものである。従ってそれは、あらゆる瞬間にその位置、様相及び広袤《こうぼう》を変ずる雲霧にも比すべき社会的事実に対しては適用され得ない。動くものを捉えるためにはギリシア的方法を拋棄《ほうき》しなければならぬ。社会現象の研究にとって有効な手段は、スタイル化された射影 projections stylisées ともいうべきものである。練達の士は、その知識が彼らの企てた探究にとって有益と見える如何なる特性をも逃さないような形像の体系 systèmes d'images によって社会現象を包括しようと努力する。「社会学が極めてしばしば不毛に止まっていたとすれば、理由は、それが主として創造的構想力 imagination créatrice を持たぬ人間によって研究されたためである」。ソレルに依れば、マルクスはスタイル化された射影の組織に非常な巧妙さを示した人であった。昔から画家や彫刻家はスタイル化に基づき、不動のものの緊張によって動くものの明瞭な観念を与えることに成功してきた。哲学は芸術から学ばねばならぬ、両者は相互に甚だ近親な二つの活動である。不動のものの緊張による動くものの表現は、変化が一層多く規則的であり、読者に一層多く親しまれており、法則の存在の観念を彼に示唆するに一層適しており、即ちいわばリズム的であればあるだけ、一層よく成功する筈《はず》であって、マルクスの弁証法のごときはかようなものである。三。イデオロギー的構成はもとより必要である、しかしそれはまた最も頻繁に我々の誤謬の原因でもある。従って実践においてよく限定された形式を獲得した制度、慣行及び経験的規則の上に働く反省の産物でないすべてのものを斥けなければならぬ。ヴィコ〔ヴィーコ〕は、歴史においてはまず、反省的思惟が事物を理論的に把握するに先立って、事物を感知し且つ詩的に表現する庶民的智慧(21)が存在すると云ったが、この命題はマルクス主義者にとっても重要である。そしてこの規則に、マルクスによって述べられた一つの重要な命題、即ち歴史的に後に現れるものは以前のものの説明に対する鍵を与えるということ、例えば産業資本の概念が初めて高利貸資本や商業資本の性質を完全に理解させるということが繋がってくる。イデオロギー的に基礎的な原理は一定の社会がその全発展を遂げた時に初めて現れる。未来を予見し思想によって構成しようと欲する者は空想に終わるのほかない。未来の社会の原理を方式化し、そこから何物かを実践のために演繹するということは不可能である、そのような原理は現在の社会が消滅し新しい組織に場所を譲った時に初めて明瞭に認識され得るものであるからである。現存社会のうちに見出すことを望み得るのはたかだか部分的生成に過ぎない。ソレルは附け加えて云っている、「神話を用いないで原理から行動への移行の理解し得る説明を与えることが可能であるかどうかを私は疑うものである」。彼に従えば、マルクスにおける資本主義社会の破局という観念は、階級闘争と社会革命とを具象化するために一つの神話として提示されたものである。神話を用いることなしには原理から行動への移行を説明し得ないというソレルの命題は、理論と実践との関係における構想力の作用を明瞭に示唆している。しかし我々はいま我々の後の研究の題目をなすべき社会科学の方法に関するソレルの右の見解の批評に立ち入ろうとは思わない。ここで我々に関係のあることは、彼が社会科学の研究において、彼自身の仕方で、構想力に重要な意味を認めたということ、それ故に彼のいう神話も構想力の産物にほかならないということ、あるいはそれは理論が実践の立場から構想力によって神話に転化されたものであるということである。神話はもと理論に先立って一定の社会団体の中から生まれる。それはヴィコがデカルト的合理主義に反対してその独自性を主張した「詩的智慧」である。知性に対する構想力の根源性が認められねばならぬ。理論も実践の立場においては構想力によって神話化される。科学的世界観や無神論をも含めて、人類思想の歴史を神話の変遷として理解しようとするチーグレルの企て(Leopold Ziegler, Gestaltwandel der Götter, Dritte Auflage 1922.〔レオポルド・ツィーグラー『神々の姿の変様』第三版〕)はあまりに詩的に過ぎるとしても、知性の産物も歴史的世界においては何らかの仕方で神話化される。その可能性のうちに知性の根柢に構想力が存在することを認め得るのである。ソレルの説から考えねばならぬ弁証法と構想力の論理との関係はやがて我々にとって最も重要な問題となるであろう。

* G. Sorel, Introduction à l'économie moderne, Deuxième édition 1922, p. 383 et suiv.〔ソレ

ル『現代経済学入門』第二版〕

六

歴史の世界に入るならば、すでに理論でさえもそうであり得るように、あらゆるものが神話の意味を担うに至ることが可能である。かくして神話の概念はもはや普通に神話といわれるような特定の言語的表現を有するものに限られることなく、あらゆる存在の一定の存在の仕方を表すものとならねばならぬ（この場合 mythologie という語は用いられない、ただ mythe というべきである。トゥタンに依れば、mythologie という語は二つの異なる意味を含んでいる。それは、一方では mythologie grecque, mythologie égyptienne 等の場合におけるごとく、「神話と説話との総体」l'ensemble des mythes et des légendes を意味し、他方ではかような神話と説話とに関する一切の研究、詮索、体系を、言い換えると「神話学」science des mythes を意味している。いずれにせよ mytho*logie* の概念はロゴスに関係するに反して、mythe の概念は普通にいう神話の意味から転化されると共にあらゆる存在の一定の存在の仕方に拡張されて存在論的な意味に用いることも許されよう)。もとよりあらゆる存在が神話的な存在の仕方を有し得るのは、社会の成立の基礎がアリストテレスの考えたごとく人間はロゴス(言語)を有する動物であるということであるのに基づいている。そして或る物が神話として存在するに至るということは、それが最初から神話を意図して作られるということでなく、歴史の世界がその根柢において構想力の論理によって成立していることを示すものにほかならない。この後の点が我々の根本の問題である。(23)

神話はソレルによって歴史的力として認められた。彼のいう神話は主として未来の創造に関している。しかるにベルトラムは主として過去の伝承の形式として神話を考えた。* すべて在ったものは象徴 Gleichnis に過ぎぬ、とまずベルトラムは云う。如何なる歴史的方法も、十九世紀の素樸な歴史的実在論が信じたように、体現的な現実を、それがもと在った姿において見ることに役立ち得るものでない。歴史とは何らかの在ったものを概念的に再構成することではない。むしろ歴史とは以前の現実の現実性を奪い去ることであり、それを「存在のひとつの全く他の範疇」へ導き入れることである。歴史叙述が作り出す像は新たな、いわば一層高い度の現実である。歴史的に見ることによって、我々は過去の生活を現在化するのでなく、かえってその現在性を脱せしめるのである、それを我々の時間へ救い入れるのでなく、かえってそれを無時間的にするのである。過去の生活のうち存続するものは、我々が如何にそれを明白にし、精査し、追体験しようと努力するにしても、決して生活ではなく、かえってつねにその説話である。あらゆる出来事のうち歴史として生き残るものはつねに最後は説話である。説話は歴史的伝承の最も生命的な形式である、それはその最も原始的な形式であると共に最も究極的な形式であり、その最も古い形式であると同時にその最も深い形式である。それのみが、如何なる時にも働くものとして、昔と今とを現実的に結合する。ただ像として、形態としてのみ、ただ神話としてのみ、過去の人物は生きる。如何なる文献学も、如何なる分析的方法も、この像を形作ることができもしなければ、その内的な法則と固有の衝動とに従う変化を妨げたり速めたりすることができもしない。この像は絶えず変化し、絶えず一層少ないそして絶えず一層太い線を現してくる。型的であると同時に一回的なものとなるのである。かような説話形成の過程を規定する法則の作用は様々な種類の説話において同様に認められる。例えば古代の英雄神話と中世の聖者伝説との間には何ら原理的な方法的差異が存しない。また説話形成の強度は決して原始的な精神的教養の状態に依存するのでなく、意識的な分析的な時代においても説話は除去されることなく、背後に押し込められさえもしない。増しゆく自覚、自己制御、文献学的知識等の一切は、説話の生成に対して極めて狭い影響を有するのみであって、抑制的なものとしても促進的なものとしてもこの影響は本質的でない。神話が自己を貫徹しようとする場合、目覚めた監視的な知性は、今日も昔に変わらずその如何《いかん》ともなし得ぬ制限に出会うのである。個人的生活の限界を越えて個性が生き続け、働き続けるということは、ブルックハルトの語を借りれば、魔術であり、宗教的な過程であって、かようなものとしてあらゆる機械的な、あらゆる合理的な影響を脱している。

＊ Vgl. Ernst Bertram, Nietzsche, Versuch einer Mythologie, 1922.〔エルンスト・ベルトラム『ニーチェ――神話学の試み』〕

歴史の生命的な伝承の形式が神話ないし説話であるという見方には或る真理が含まれている。もっとも、神話としての歴史は科学としての歴史を不可能にするものでも無意味にするものでもない。我々はベルトラムの神話的歴史観をそのまま承認することができぬ。その浪漫主義、審美主義及びそれらに関聯した有機体説（生物有機体との比論）等には批判を要するものがあるであろう。構想力の哲学は抽象的な合理主義に同意するのでないと同じく浪漫的な非合理主義に一致するのでもない。神話の形成は構想力に属している。歴史的事実及びその認識も構想力に基づいて神話に形成されるのであり、そしてそのことは歴史そのものの根柢に構想力の論理のごときものが存在することによって可能である。ベルトラムは説話形成にあたって「蓄積の法則」が作用すると云っている。ここでも持てる者には益々与えられる（ひとは金持ちにしか金を貸さない）。人類の記憶は忘恩的であるが、感謝する場合には度を越えて感謝するものであり、過去のあらゆる小さい祭壇を奪ってその最も大きな記念像を飾るのである。ベルトラムのいう蓄積の法則の根柢にはスタンダールが恋愛論の中で述べたような「結晶作用」(24)が存し、むしろこれと同じものでなければならぬであろう。スタンダールは恋愛心理の発展を次のように分析している。まず感歎がやって来る、この第一の段階は純粋に感情的である。次に快楽の牽引が、即ちあらゆる形式における欲望が目覚めて来る。そして次に希望が来る、ここに構想力の活動が始まり、リボーの解釈に従えば、それと共に価値の判断が現れる。かようにして恋愛が生まれる。そして次に第一の結晶作用が始まる。結晶作用というのは現前するすべてのものから愛の対象が絶えず新しい完全性を持つようになるものを発見してゆくことである。これによって愛の対象は理想的な完全なものに形成されてゆく。しかし次に懐疑が生まれて一時この作用を混乱させる、やがてそれに打ち克つとき第二の結晶作用が行われる。リボーの註に依れば、この過程は愛にのみ固有のものでなく、緩やかに孵化するあらゆる情念の根底に存在している。* そしてドゥラクロワは、結晶作用の説は愛において構想力が極めて大きな役割を演ずることを示すものであると述べている。愛とは要するに心臓の運動に対する構想力の仕事である。我々は我々の作り出した空想的な存在を愛するのであり、しかし我々はそれを愛する故に作り出したのである。** 即ち結晶作用によって愛の対象は神話化されると云い得るであろう。愛と構想力とは分離的に働くのでなく、構想力はもともと表象的にして感情的である。リボーは、愛が理想化された場合、言い換えると、感覚から概念を出て来させる作用に似た除去と抽象との作用によって、愛がその身体的な、本能的な、衝動的な要素からできるだけ軽くされた場合、感情的推理は消え失せて、なかば感情的でなかば知的な、それ故に混合的な推理が現れると註釈を加えているが、我々はかような機械的な説明に満足し得ない。構想力の論理は混合的推理というがごときものでなく、元来パトス的にして同時にロゴス的である、身体的であると共に精神的である。一般的に云って、リボーの「感情の論理」はなお多く機械的な見方に支配されている。そのことは彼の心理学の制限に基づくと共に、感情の論理というがごときものを特別に考えようとしながら彼が依然として形式論理の影響のもとに立っていることを示すものである。ベルトラムのいう蓄積の法則は純化と完全化との、即ちイデア化の作用を意味し、結晶作用のごときものと見ることができる。愛と結晶作用とが結び附いたものである限り、構想力の論理は愛の論理である。エロスそのものが神話的なものである。もっとも我々はここに想起されるプラトンないしプラトン主義者の宇宙論的なエロスの神話もしくは形而上学をそのまま受け取ろうというのではない。我々はかえって歴史的世界の根柢に構想力を考えようとするのである。けれども構想力の論理はベルトラムの自然神秘主義的な内在論によってはその基礎を明らかにすることができぬ。それは愛の論理としてもエロスの論理からアガペの論理にまで高まらねばならぬ。

＊　Ribot, La logique des sentiments, pp. 71-75.〔リボ『感情の論理学』〕

＊＊　Henri Delacroix, La psychologie de Stendhal, 1918, p. 100.〔アンリ・ドラクロワ『スタンダールの心理学』〕

歴史的に存在するということは、ベルトラムに依れば、神話が形成されることであり、物が地上からいわば天界へ上げられることであり、即ち事実 matter of fact の世界から形像 image の世界へ上げられることである。そこにはリボーのいう、感覚から概念が出て来る場合における除去と抽象との作用に類するものが認められるであろう。しかるに論理学者がしばしば論じているごとく、感覚的な物から抽象によって概念が作られ得るためには感覚的な物のうちにすでに一般的なものが含まれているのでなければならぬ、プラトン的に云えば、物はすでにイデアに分与しているのでなければならぬ、と考えられるであろう。形像はイデアのようなものである。けれどもそれは固定したものでなく、自己のうちに発展を有している。リボーの云ったように、イマージュは動的要素 l'élément moteur を含み、このものはそれを客観化し、外形化し、我々の外に投射させる。歴史の根本現象に属する métamorphose(形の変化)はイデの論理によってでなく、イマージュの論理によって考えられる。形像は純粋なイデアではなく、いわば身体をもったイデアである。ゲーテにおける Mütter(母たち)の神話(25)はそのことを語っている。形像 image は理念 idée の象徴と見らるべきでなく、むしろイデはイマージュの象徴と見らるべきであろう。イマージュは影の薄くなったイデであるのでなく、かえってイデはイマージュから抽象されたものである。イマージュは物の写しであるのではない。イマージュを物の写しとなし、それ自身物と同様に存在するかのごとく考える素樸な形而上学ないし存在論が構想力の本質の理解を妨げてきた、とサルトルも云っている。物とそのイマージュとを比較すれば、そこに本質の同一 l'identité d'essence が、即ちイデア的同一が認められるであろう。しかしそのことから存在の同一は従って来ない。物としての存在と形像としての存在とは存在の様式 le mode d'existence を異にする。すべての存在の様式を物理的存在の様式の型に従って構成するという我々のほとんど打ち克ち難い習慣を何よりも払い退けねばならぬ、とサルトルは書いている。* さもなければ表現の論理というものは考えることができぬ。そして同時に我々はイデア的同一の立場に固執して、フッセルのごとく構想力の像を単に図解的なものと見ることをやめねばならぬ。更にまたもしイデアは論理上事実に先行すると云わねばならぬとすれば、我々は一層多くの理由をもって、形像は事実に先行すると云っても好いであろう。ヘーゲルに依れば、論理の内容は「自然と有限精神との創造以前の永遠なる本質における神の叙述」(26) であるが、かような論理は彼の云うがごとき純粋思惟に属するのでなく、構想力に属するのでなければならぬ。ゲーテの云ったように、構想力は「理性の先駆者」である。構想力の論理は創造以前のものでなくかえって創造そのものの論理である。しかも創造の論理は超越論的性質を有するのでなければならない。超越なくして創造は考えられない。そして我々はかような超越をまず神話的形像において見ることができるのである。

＊ Jean-Paul Sartre, L'imagination, 1936, Introduction.〔ジャン＝ポール・サルトル『想像力』「序」〕

七

普通に神話は遠い過去の出来事を物語るものと考えられている。しかるに未開人の心理の研究に依れば、彼らは継起的な過程において展開する時間の一つの時期であるような過去の観念を有せず、神話と歴史とは彼らにとって同一の時間における異なる時代として区別されるのではない。およそ世界の進化の思想は彼らに欠けている。神話の世界は長い歴史的発展の初めにあるものと考えられるのではない。その時代は今日の存在と事実が動いているのと同一の時間の部分であるのでなく「未だ時間の存しなかった時代の時間」に属すると考えられている。神話時代はいわば時間前もしくは時間外 prétemporel ou extratemporel である。彼らは神話的世界の存在の様式と現実の世界の存在の様式とが性質的に全く異なっていることを感じる。「神話時代は単に過去の時間としてでなく、また現在及び未来として、即ち一つの時代としてと同様に一つの状態として考えられているのでなければならぬ」。かくて未開人があらゆる物の初めに神話的世界があるというとき、それは単にこの世界がいわば超越的なもしくは超歴史的 métahistorique な古代に属するということを意味するのでなく、また特に、すべての存在がそれから生まれるということ、あるいはこの時期が「創造的」であるということを意味している。その意味において彼らの神話は一種の「創世記」である。「未開人にとって神話は、完全に信仰するキリスト者にとって創造の、堕落の、十字架におけるキリストの犠牲による贖罪の聖書の物語があるのと同じものである」、とマリノウスキイは書いている。* プロイスも、未開人には時間の長さの観念がないと云い、神話は原始時間 Urzeit に属すると云っている。** それは原始歴史 Urgeschichte に属する、と我々は云うことができるであろう。神話の実在性と現実の実在性とは本質的に異なっている。かくて例えば「祖先」という語は、一方神話的存在を表すために、他方現世代の先祖を表すために、しばしば無差別に用いられているが、二つの場合において意味は同じでない。後の意味における祖先も未開人にとっては重要であり、彼らの生活と幸福とは祖先の好意に依存すると考えられ、祖先は神と見做されることがあるにしても、この祖先は彼らと同様に過去の一定の時間に生まれそして死んだものとして理解されている。しかるに神話の語る祖先は、それとは明瞭に区別され、如何なる歴史の綱も彼らを現在の世代に先立つ諸世代に結び附けるものでない。彼らは「時間外」の時期に、「いまだ時間の存しなかった時間」に属し、そこにおいて彼らは今日存在するものを「創造」し、「生産」したのである。この生産が生理学的意味のものであるかどうかは、神話的思惟にとっては問題にならない。神話的思惟は因果の連繫のメカニズムに対して無関心であって、「創造」もしくは「転態」métamorphoseと呼ばれるものにのみ心を留めるのである。＊＊＊

＊ Br. Malinowski, Myth in primitive psychology, 1926, p. 21.〔ブロニスワフ・マリノフスキー『原始心理学における神話』〕

＊＊ K. Th. Preuss, Der religiöse Gehalt der Mythen, 1933, SS. 12, 23.〔コンラート・テオド

ール・プロイス『神話の宗教的内容』〕

*** Lévy-Bruhl, La mythologie primitive, pp. 1–12.〔レヴィ＝ブリュール『原始神話学』〕

かくて注目すべきことは、未開人にとって神話の世界は歴史の過去の出来事でなく、原始時間あるいは原始歴史に属すると考えられているということである。神話は「超越的価値」を有している。神話はもと「説明」を目的とするのでない、それはただ「超自然」を反映するのである。* 原始時間というのは過去現在未来と継起する時間の部分でなく、むしろ同時的に過去現在未来であり、継起的な時間に対して超越的である。そして原始歴史というのは時間のうちに経過する歴史の部分でなく、かえって一切の歴史の超越的根源である。神話と普通に歴史といわれるものとは全く秩序を異にしている。ソレルにおける神話とユートピアとの区別もかくのごとき秩序の差異を基礎として理解され得ることでなければならぬ。また歴史叙述を神話形成と考えるベルトラムが、歴史的に伝承することは過去の生活を我々の時間へ救い入れることでなく、むしろそれを無時間的にすることであると云っているのも、そこに根拠を求めなければならぬ。伝承もひとつの創造である。未開人にとって神話的世界は超自然であり、勝れた意味における実在である。それは自然の根柢である。神話時代の英雄、祖先が、現在の存在を生産し、創造したと見られるのである。世界の創造と人間の生成とは神話の主要な内容である。何らかの超越を考えることなしに創造は考えられないであろう。神話の特色はこの超越があたかも神話的に表象される点にある。即ち神話的存在は、一方創造されたものの超越的根源として、創造されずして創造するものと考えられると共に他方あるいは動物として、あるいは半動物半人間の混合的存在として、あるいはまた我々と同じ人間として考えられる。未開人にとって神話的世界は超自然である、しかしこの世界と現実の世界との間には如何なる空隙も、如何なる牆壁も介在しない。超自然と自然とは判然と区別されるあるいは拮抗する二つの実在として互いに対立するのではない。もとより神話的世界の存在は我々の世界のそれに相応する存在と甚だしく異なっている。前者は後者に欠けている多くの魔術的な力を所有している、また前者は今日の存在がその微かな痕跡をしか所有しない能力を最も高い程度において享有している。けれどもこの差異は要するに大小多少の差異に過ぎぬ。言い換えると、神話においては超越の真の意味が捉えられていないのである。かようにして超自然と自然とが無造作に混合しているところに、如何にして神話が、その神秘性を失った場合、単なる歴史のうちへ容易に繰り込まれるかという理由がある。そこにまた何故に超自然的力の自然的過程に対する干渉が未開人の心を煩わすことなく、あたかも当然のことであるかのように考えられる理由が見出される。そこではかかる干渉も自然に対して暴力を加えるものでなく、自然の秩序を危うくするものでないほど、超自然と自然とは混合しているのである。** 超越の意味が正しく理解されない限り、自然の意味も正しく把握されないであろう。

* Lévy-Bruhl, La mythologie primitive, pp. 80, 81.

** Ibid., pp. 223, 224.

種々の神話において世界の創造が如何に表象されたかを検討することは我々の問題でない。神話を愛する者（フィロミュトス）も或る意味では智を愛する者（フィロソフォス、哲学者）である（*διὸ καὶ ὁ φιλόμυθος φιλόσοφός πώς ἐστιν.*）とはアリストテレスの言葉であるが、* 就中《なかんずく》ギリシア神話は古来絶えず哲学的思弁の対象となってきた。かかる思弁のうち[27]我々はいまただ一つ、かの神話の哲学に深い関心を有したシェリングに依るサモトラケの神々についての解釈を取り上げて見よう。** サモトラケはギリシア民族の礼拝のうち最も古いものとされるカベイロイの礼拝をもって有名であった。カベイロイはアキシエロス、アキシオケルサ、アキシオケルソス及びカスミロスという四つの神の群を構成している。これらの神々の名はギリシア的起原のものでない。シェリングに依れば、その第一の神、万物の端初たる第一の自然であるところのアキシエロスは、フェニキア語において、まず飢、貧を、更に焦《こが》れ、渇望または憧憬を意味している。この思想は全自然のうち最も古いものは夜であるとする神話的思想に通ずる。夜の本質は欠乏、貧窮、憧憬である。この夜は闇即ち光に敵対するものでなく、光を待つものであり、あこがれの、受けることを求める夜である。同じように、第一の自然はすべてを食い尽くす火であるとする神話的思想も、その全本質が渇望と憧憬であるという意味を含んでいる。この火は自身はいわば無であって、すべてを自分のうちへ引き入れずにはおかぬ存在への飢餓を現している。その下にもはや何物もない最も下なるものは、ただ渇望、在るというよりもただ在ることを求めるものであり得るのみである、とシェリングは云っている。憧憬 Sehnsucht は万物の端初であり、創造の第一の根源である。古代の歴史家はアキシエロスをデメテルと同一に見た。第二の神アキシオケルサはペルセポネに等しく、魔術 Zauber を意味している。しかも娘は別の姿における母にほかならない、即ち全自然の最も内面的な本質は存在への飢餓であり、この動力の不断の牽引によってすべてのものは最初の無決定性からあたかも魔術によってのごとく現実もしくは形成に持ち来されるのであるが、根源的に形のない神はペルセポネにおいて形をとり、この神が本来初めて生ける魔術となる。アキシオケルサとアキシオケルソスとは魔術という共通の概念によって結ばれている。この第三の神アキシオケルソスはディオニュソスであるが、ギリシアの歴史家に従えば、ハーデスである。ハーデスとディオニュソスとは同一であり、死者の国の主が同時に慈悲深い神であるというところに秘義が隠されている。かくしてサモトラケの最初の三つの神はデメテル、ペルセポネ及びディオニュソスの間に見られるのと同じ順序と関係とを含んでいる。第四の神カスミロスは召使いを意味し、ヘルメスにあたる。しかし彼は最初の三つの神に仕えるのでなく、彼らとは異なる上位の神に仕えるのである。もし彼が下位の神と上位の神とに同時に仕えるとすれば、前者に仕えるのはただ、彼自身これよりも高いものとして、下位のものと上位のものとの間の媒介者である限りにおいてであって、かようにいわば上位の神と下位の神との間の導きの結びであるということが実にヘルメスの本来の概念である。カスミロスはもと神の先に行くものを意味し、従って彼に先立つ神々の召使いでなく、将来の神の召使いであり、来るべき神の告知者、伝令である。アキシエロスは最初のものであるが、最高のものでなく、カスミロスは四者のうち最後のものであるが、より高いものである。それ故に一般に古代の神話の説明にとって、特にサモトラケの神話の説明にとって、流出 Emanation の観念は適合しないように見える、とシェリングは述べている。なぜならカスミロスは初めの三つの神に対して下に立つのでなく、むしろ上に立つのであるから。しからばそれらの神々がすべて、直接にはカスミロスが、仕える神とは何であるか。それらすべての神々はその活動によって世界全体が、宇宙が存立する力であり、従って世界的な、宇宙的な神である。その創造は必然性の世界である。しかるに彼らが、中にもまずカスミロスが仕える神は超世界的な神、彼らを支配しもって世界の主たる神、造物者(デミウルゴス)あるいは最高の意味においてゼウスである。かくして今や上昇的系列が認められる、即ち最も深い所に渇望を本質とするケレス(デメテル)がいる、それは一切の現実的な、顕現的な存在の第一の、最も遠い端初である。次にすべての可視的な自然の本質もしくは根拠であるペルセポネと、幽冥界の主なるディオニュソス。そして自然と幽冥界との上に両者を相互に且つ超世界的なものと媒介するカスミロスあるいはヘルメス。そしてそのすべての上に世界に対して自由なる神、造物者。カベイロイの教説はかくのごとく下位の自然神から彼らを支配する超世界的な神へ上昇する体系を形作っている。

＊　Aristoteles, Metaphysica, 982b.〔アリストテレス『形而上学』〕

＊＊　Schelling, Ueber die Gottheiten von Samothrake, Sämmtliche Werke, I 8.〔シェリング「サモトラケの神々について」、『シェリング全集』〕

いま我々に関係があるのは、サモトラケの神々についてのシェリングの右の解釈が文献学的に見て正しいかどうかでなく、その哲学的内容である。まずシェリングが古代の神話の説明にとって「流出」の観念は適合しないと述べていることが指摘されねばならぬ。流出の観念と創造の観念とは相容れない。流出論はひとつの雄大な形而上学的形像ではあるが、結局は内在論である。次に「第一の自然」、創造の最初の根拠を憧憬もしくは渇望と見る宇宙開闢論 Kosmogonie は、極めてシェリング的な、興味深い思想であると云わねばならぬ。創造の根柢には大いなるパトスがある。しかもこのパトスは光を待つ夜、存在もしくは本質への飢餓 der Hunger nach Wesen である。言い換えると、それはパトスとして自身は無限定でありながら限定に対する堪え難い要求を自己のうちに含んでいる。このような形のないパトスは魔術として形をとる。魔術の力によってすべてのものは現実と形成とに持ち来されるのであるが、単なるパトスは魔術でなく、パトスが魔術となるにはロゴスが、イデアが加わらなければならないであろう。魔術は技術のごときものである。かくしてヘルメスは来るべき神を宣《の》べ伝える。この神は最高の神ゼウスであり、超世界的な神として世界を造る者である。彼に先立つ神々は全体としてヘパイストス即ちゼウスの子にほかならない。もしそうであるとすれば、世界の形成はロゴス的・パトス的であり、ロゴス自体は超世界的であるにしても、世界的なものとしてはロゴスはパトスと結び附き魔術として形成的に働くというように考え得るであろう。それのみでなく、かの第一の自然、創造の根拠であるところの憧憬は、或る意味では造物者と一つであり、かくしてまた或る超越的意味を有するのでなければならぬ。それはシェリングが人間的自由の本質についての論文の中で述べたような「神における自然」die Natur in Gott(28)でなければならぬであろう。このものはシェリングに依れば神から分離されないでしかも神とは区別されたもの、彼の存在の根拠である。神は彼の存在の内的根拠を自己のうちに有し、根拠は存在する限りにおける神に先行する、しかしまた根拠は神が現実的に存在しないならば存し得ない故に、神は根拠よりも先なるものである。ここでもまず内在の概念は推し退けられる。生成の概念は物の本性に適合した唯一のものであるが、物は神とは無限に異なる故に、物は絶対的に見られた神のうちに生成することができない。神から分かたれているためには、物は神とは異なる根拠のうちに生成しなければならない。しかも何物も神の外にあり得ないとすれば、この矛盾はただ、物はその根拠を神自身において彼自身でないところのもの即ち彼の存在の根拠であるところのもののうちに有するということによってのみ解決される。この根拠をシェリングはここでもまさに憧憬と称している。* 神の存在と彼の存在の根拠とは区別されながら一つであるように、超越は同時に内在でなければならぬ。絶対的なロゴスと絶対的なパトスとは直ちに一つでなければならぬ。形のないパトスは魔術として形をとることによって世界形成的となる。もし魔術にも何らかの論理があるとすれば、それは構想力の論理のごときものでなければならぬであろう。もとより世界は単なる魔術によって形成されるのではない。世界は技術的に形成されてゆくのである。魔術と技術とが区別されねばならぬところに、世界の形成に関する神話的形像の限界が認められる。しかしやがて究明されるごとく技術そのもののうちには構想力の論理がある。

* Schelling, Philosophische Untersuchungen über das Wesen der menschlichen Freiheit und die damit zusammenhängenden Gegenstände, Sämmtliche Werke, I 7, SS. 358, 359.〔シ

ェリング『人間的自由の本質とそれに関連する諸対象についての哲学的探究』、『シェリング全集』)

八

すでに述べたごとく歴史は創造としても伝承としても神話を含んでいる。創造と伝承あるいは伝統とは結び附いたものである。伝承そのものがひとつの創造であり、創造そのものも伝統なしには不可能である。文化と神話との深いつながりは、創造の根柢にはシェリング的な自然がなければならぬところに考えられるであろう。「神話なしにはあらゆる文化はその健康な創造的な自然力を失う。神話をもって囲まれた地平が初めてひとつの全体の文化の運動を統一に纏め上げる」、とニーチェは『悲劇の誕生』の中で書いている。(29) 文化の創造の根柢にはパトス的なものがある。もとより単なるパトスからは文化は生じない。創造のパトスは憧憬、本質への飢餓、即ちイデアに対するエロスでなければならず、かようなものとして神話的なものでなければならぬ。

神話は単にパトス的なものでなくてイデア的なものに関係附けられたものである。イデアを含むものとして初めて神話はひとつの全体の文化の運動を統一に纏め上げることができる。リーベルトは、歴史的なものは超歴史的なもの、形而上学的なものに関係することによって真に歴史的なものになると云い、神話の根源を超越的意味への生の転向のうちに求め、そこから文化に対する神話の一般的意義を理解しようとしている。* 神話の本質は、彼の云うように、絶対者を神話化することにあるのでなく、むしろ逆に絶対者が神話の前提を与えると云うべきであろう。しかしながらもしこの絶対者が彼の考えるように超越的意味、イデア的なものに過ぎないとしたならば、如何にして神話は考えられるであろうか。神話はイデからでなくイマージュから考えられるのであり、イマージュはロゴスとパトスとの統一から考えられるのである。イマージュはイデの影であるのでなく、かえってイデよりもより高きものから生まれるのである。プラトンにおいても神話は彼がそのイデア説を超えねばならなかったところに起原を有している。

＊ Arthur Liebert, Mythus und Kultur, 1925.〔アルトゥール・リーベルト『神話と文化』〕

「プラトンの神話は霊魂の神話である、即ち内的な、もはや外的でないあるいは分割されない世界の神話である。それはそのために形像に乏しいが、しかも如何なる霊魂の教説ないし理論も透明な衣で包まれていない、霊魂そのものとその自己運動とがそれの根源であり、内的世界におけるその自己形成、かくして内的世界によって無霊魂になった外的世界を再び貫徹することがそれの目的である」、とカール・ラインハルトは書いている。* プラトンの描いた神話の内容はもとより霊魂にのみ限られることなく、社会、更に世界の全体を含んでいるが、それらの神話も彼においては究極は霊魂の神話につながり、このものにおいていわば頂点に達するのである。

* Karl Reinhardt, Platons Mythen, 1927, S. 26.〔カール・ラインハルト『プラトンの神話』〕

プラトンにおける神話を独立の主題として残りなく取り扱うことは我々の目的でない。ここでは我々の論述の聯関においてただ次の諸点を簡単に指摘するにとどめよう。

一。神話はプラトンにおいてまず生成の問題に関係している。生成 *γένεσις* を有するものは理性的思惟の対象となることができぬ。純粋な思惟によって捉えられるのは恒《つね》に同一にとどまるもの、永遠なるイデアのみである。造物者 *δημιουργός* はこのイデアを範型として宇宙あるいは世界を形作り、世界は永遠なるものの模写もしくは形像 *εἰκών* である。かような世界はそれ自身ひとつの *εἰκών* であるところの *μῦθος*(神話)

と内的な親縁性を含んでいる。* 世界は生成を有するものとしてその錯動原因である空間 *χώρα* あるいは根本物質を前提する。即ちイデアを原因とするのみでなくまた空間を原因とする世界の生成は必然的に神話的でなければならぬ。単にイデア的でなく同時に空間的あるいは物質的であるところの世界は単なる理性の論理に従って生成するのでないと云われるであろう。しかるに生成は運動であり、運動は時間的である。時間とは何であろうか。プラトンに依れば、時間は永遠の *εἰκών* であり、統一においてとどまる永遠の、数に従って進行する模像が時間である。** かくて *εἰκών* であるところの時間はまたロゴス的なものでなくてミュトス的なものであると云って好いであろう。

——二。世界の生成は善に向かっており、また善に向かわねばならぬ、とプラトンは考えた。善は内在的性質を具えている、その点において善とイデアとは区別される。イデアは超越的であり、有機体を作りそして育てる生命力とは直接に関係を有しないに反し、善は内在的であり、すべての経験的なものはいわば自己に生具する善、その増進によってそのものが維持されるものを有している。生成したものはプラトンに従えば混合されたものであるが、それが破壊されることなしに存在するのは善の力によってである。善とは対象の側においても主観の側においても真実のあるべき存在を意味し、かくして主観と客観との間の必然的な親和を作り出すものが善である。イデアが主観に対して超越的であるに反し、主観に初めて真実の存在を与えるのは善である。しかし善は単に主観的なものでなく、主観と客観との親和を媒介するもの、例えば認識とただそれに対応する存在とを互いに関係させる媒介者が善である。かくのごとき綜合作用の意味において善の本性は生産的であり、善のみが創造的である。もとより善が単に内在的なものでないことは、かの善のイデアの思想が示している。善は種々の形態において経験の世界に住むと同じくイデアの世界に棲み得るのみでなく、元来そこに自己の故郷をもっている。経験の世界に内在する善を超えて善の純粋な、自体における存在がイデアの世界において存する。この世界においても善の機能は前の場合におけると同様であって、純粋な理性とその対象即ちイデアとの間の親和を表現するものが善自体、善のイデアにほかならない。あたかも知覚の世界において太陽が見る眼と見られる対象とに対して、両者は共に太陽によって太陽的 sonnenhaft に作られ、生産的に働くごとく、純粋な理性と純粋なイデアとは、第三の一層高きものの力に依って、理性は純粋に思惟する能力を、イデアは純粋に思惟される能力を有するような相互の関係に置かれる。この親和に対して、あらゆる二元的な乖離を克服する綜合的な、生産的な力を与えるものが善である。理念的な領域における善は眼に見ゆる世界における太陽のごときものとして表象される。かくて善は可視的な経験の世界と叡智的なイデアの世界とを包括する意味を有し、内在的にして超越的であると考え得るであろう。善のイデアはイデアを超えたものである、善の概念によってイデアの単なる超越は破られるように見える。*** ――三。ところでプラトンはまた霊魂をもって生成の原因と見做している。**** 霊魂は自己運動をなすものとして運動の始元であり、一切の生成するものはこの始元から生成する。霊魂の本質はイデアと現象との間の媒介者たるところにある。生成するものはイデアへの分与によって永遠なるものの模像であるのであるが、この分与は生成における運動の原因をなす霊魂の有するイデアへの相似 *ὁμοίωσις* あるいは模倣 *μίμησις* の活動を意味している。自己運動をなすものとして物体から区別される霊魂はまたイデアに親縁的なものである。そしてかような相似あるいは模倣への傾向性がエロスにほかならない。霊魂が生成の原因であるとすれば、生成は希求するもの、愛するものであり、これに対して存在(イデア)は希求されるもの、愛されるものである。しかるに生成が美しき秩序を有する世界の生成即ち善への生成である限り、その運動の原因である霊魂は善の性質を具えたものでなければならぬ。プラトンの世界の創造と人間の生成との神話におけるデミウルゴスは最善の霊魂と考えられることができるであろう。

＊　Timaios, 29bc.〔『ティマイオス』〕
＊＊　Timaios, 37d.
＊＊＊　エルンスト・ホフマン「プラトンの教説に於ける善のはたらき」(『思想』大正十二年十二月号)参照。
＊＊＊＊　Phaidros, 245c–246a〔『パイドロス』〕; Nomoi, 891e–892a etc.〔『法律』〕

かくしてプラトンにおける神話の所在が限界される。それは一般に生成が問題になるところに認められる。従ってそれはイデアの単なる独在と超越とが破られねばならぬと見えるところに現れる。生成はイデアのみでなくまた空間を原因とし、生成におけ
る運動の原因は霊魂であり、かかる生成はもと善への生成であって、善は単に超越的でなくまた内在的である、善なる霊魂はエロス的であり、生成は希求もしくは愛を意味している。神話はプラトンにおいて生成の、特に霊魂の、そしてエロスの神話である。もっともプラトンはイデアの先在と超越とを拋棄しようとはしなかった。従って彼は世界をイデアの *εἰκών*(Gleichnis)——この語はまず修辞学的及び文法的意味を

有し、次に新プラトン学派において形而上学的意味を有するに至った——と考えたが、それは彼においてなお真の象徴の意味（我々はこれを象徴されるものなくして象徴するものという意味に解する）を有せず、イデアの模倣の意味を有するに過ぎなかった。イデアの先在が信じられている場合、構想力はもちろん重要な問題となることができぬ。プラトンはイデアの認識に関して想起 *ἀνάμνησις* の説を述べた。想起は構想力の一種として取り扱われるのがつねである。認識想起説もプラトンにおいてはイデアの先在説に重心を有するが、それ自身神話の性質を帯びている。もとよりイデアの先在が信じられている限り想起の作用には何らの創造性も認められないであろう。しかしながらもしアナムネシスとイデアとの関係が一層内面的に考えられねばならぬとするならば、また生成はエロスであるという思想がいわば実証的に確かめられねばならぬとするならば、そこに必然的に構想力とその論理の問題が生じて来なければならないであろう。構想力の論理の問題は、プラトン哲学について云えば、まず存在論的には、生成の問題に関して、混合の論理——生成したものは『ティマイオス』に依れば形相と空間とから成るものであり、『フィレボス』に依れば無限定と限定とから成るものであって、混合されたもの *τὸ μικτόν* である——の問題である、次にそれは認識論的には、想起の論理の問題である、と云い得るであろう。混合の論理や想起の論理はただ構想力の論理として発展させられ得るように思われる。

しかるにプラトンの想起の説においてすでに構想力の論理の問題の端緒を見出し得るとする者は、後のプラトン主義者アウグスティヌスにおける記憶 memoria の説がこの問題に対して一層重要な関係を有することを認めるであろう。記憶は古くから構想力として取り扱われてきたところのものである。アウグスティヌスに依れば、記憶はまず感覚的事物からもたらされた無数の形像 imagines の宝庫である。そこにはまた感官に与えられたものをあるいは増加しあるいは減少しあるいは他の何らかの仕方で変化することによって我々が思惟をもって加工したものも保存されている。記憶に入るのは物そのものでなくて物の形像であり、それは想起されることによって思惟の用に供せられる。また記憶において私は私自身に出会う。私は私が何を、何処で、何《い》時《つ》なしたか、そしてその際如何なる感情をもったかを想起する。自分の経験によって得たにせよ他人を信じることによって得たにせよ、私が想起するすべてのものは記憶のうちに存する。そこにおいて私は今日のものを過去のものと結合し、それに基づいて私の未来の行為並びにその希望する結果がまた現在するかのように考える。これら一切は記憶において現在 praesentia である。* 記憶に入るのは物の形像のみでなく、物そのものもまた記憶に入っている。例えば、私が問の三つの種類、即ち、それは存在するか、何であるか、如何なる性質のものであるか(an sit, quid sit, quale sit)ということを区別せねばならぬと聴くとき、私はこれらの言葉を構成する音声の形像を、その音響は風に消えてもはや存在しないに拘らず、保持する。しかしその音声によって表されたものは、私はこれを何らかの感官を通じて捉えたのではない、従ってこの場合形像でなく物そのものが私の記憶のうちに蔵せられる。しかも私がそれを学んだとき、私は単に他人を信じたのでなく、私はそれを私の心において認め、その真理を承認したのである。従ってそれは私がそれを学ぶ前にも私の心のうちに存在したのでなければならぬ。かくてアウグスティヌスは、我々がそれを想起するのでなければ我々はそれを認識しないというプラトン的思想を述べている。** それは我々の眼から消えていたにしても、我々の記憶のうちに保持されていたのである。プラトンのイデア説はここに主体的な基礎附けを与えられたように見える。私の記憶は右のごとき事物のほか数の諸関係や諸法則のごときものを含むのみでなく、また特に、私は私の想起を想起する meminisse me memini のである。私が今それを想起することができたということを後に想起するならば、この想起も私はこれを私の記憶に負うている。記憶は更に私の感情 affectiones をも包む。しかも、私は私のかつての喜びを喜ぶことなしに想い起こし、私の過去の悲しみを悲しみなしに想い起こし、昔の恐怖を恐怖なしに想い起こし、また以前の欲望を欲望なしに想い起こす。この場合記憶に入っているのは物そのものでなく、物の形像でもなく、物の観念もしくは記号 notiones vel notationes である。更に神ですら私は私の記憶の外の何処において見出し得るであろうか。「私が汝を記憶しているのでなければ、如何にして私は汝を見出すであろうか」et quomodo iam inveniam te, si memor non sum tui?[30] とアウグスティヌスは書いている。

* Augustinus, Confessiones, X 8.〔アウグスティヌス『告白』〕

** Ibid., X 18.

かように記憶はあらゆるものを包むとアウグスティヌスは考えた。私が記憶と云い、そして私の云うところのものを理解するとき、私はそれを記憶のほか何処において理解するであろうか。また私が忘却について語り、そして私の語るところのものを知るとき、私はそれを想起しているのでなければ、如何にしてその事柄を知るであろうか。

私が記憶を想起する場合、記憶そのものは自己自身によって自己に現在的である。私が忘却を想う場合、記憶と忘却との両者が現在的である、即ちそれによって私が想起する記憶とそれについて私が想起する忘却とが共に現在的である。* 忘却とは記憶の欠乏以外のものでない。かくしてアウグスティヌスに従えば、記憶とは現在である。記憶そのものは自己自身によって自己に現在的であり、忘却も記憶によって現在的になる。過去も未来も記憶において現在的である。記憶の現在は、過去現在未来と継起すると考えられる現在のことでなく、かえってこの現在がそれにおいて過去及び未来と同時存在的であるような現在でなければならぬ。構想力の概念と時間の概念とは密接な関係を有するのであるが、その場合時間の問題は単に直線的に経過する時間の問題であることができない。アウグスティヌスのいう記憶はかくのごとき時間を超えた現在である。すでに未開人の神話において歴史的存在としての祖先から区別される神話的存在としての祖先はかくのごとき記憶においてあると云われ得るであろう。記憶の現在は永遠にほかならないにしても、それが特に記憶と結び付けられるところに、それはまた時間との内的な関係を含まねばならぬ。ヘーゲル的なイデーによっては何らかの永遠は考え得るにしても時間は考えられず、あるいは外面的なものとなってしまうのほかない。時間の問題は何よりも構想力の問題であり、構想力の問題は根本において時間の問題であると云うことができる。しかも構想力の論理は時間を単に時間として考えるのでなく、時間を同時に永遠との関係において考えることを要求している。プラトンの云ったように、時間は永遠の形像 *εἰκών* もしくは象徴である。[31] 象徴の真の意味は象徴されるものなくして象徴することであり、時間はそのまま永遠の象徴であるのであって、時間を離れて別にそこに象徴されるものとしての永遠があるのではない。永遠は自らは無にして時間において現れる、あるいは逆に、時間は自らは無にして永遠を象徴する。かような時間とそして永遠とに関係附けられる構想力は単に記憶――アウグスティヌスの記憶の説はプラトン主義的前提と結び附いている――としては規定され得ず、むしろ記憶は根源的な構想力の有限なものにおける象徴と見られねばならぬ。

＊ Confessiones, X 15, 16.

すでにプラトンにおいて認められるように、時間は或る神話的なものである。ヴァレリイの云ったごとく、「時間は――神話中の神話、神話の無限定なもの」[32]である。そして歴史的なものは時間的なものであるというところに、神話と歴史との根本的な関係が考えられるであろう。神話的時間は物理的時間とは異なっている。神話の出来事は時間の外において、言い換えると、時間の全体の拡がりにおいて、あるいはむしろそこではすべての時間が共に同時存在的に結び附けられるところの全体の時間を包むもののうちにおいて行われる。しかしあらゆる神話はこのような永遠を年代的系列に位置附ける努力をしている。この理由によって、どのような神話も起原の神話mythes d'origineであるか終末論的神話mythes eschatologiquesである。「それが事物の起原もしくは終末を説明するのは、かようなことが本質的に神話の機能であるのに依るのでなく、かえって神話が時間のうちにあるのに依るのである」*。普通に時間は継起的な同質的な持続として表象され、点と間隔の観念が暦を構成している。しかるに神話的時間にとっては暦は時間を測るものでなく、むしろ時間をリズム化するものである。呪術や宗教にとって、時間の継起的な諸部分は同質的でなく、大いさにおいて同等に見える諸部分も必ずしも同等でなく、同価値でもない、同じと見做される諸部分が同等で同価値であるのは、暦におけるその位置に依るのである、とユベールとモースは云っている。神話の出来事の起こる時間はかようにして非連続的である、その進行のうちには突変がある。時間の連続は危機的時期dates critiquesによって中断される。すべての神話は危機意識の産物であると云い得るであろう。** 危機的時期を構成する時間はそれに先立つあるいはそれに継続する如何なる時間とも異なり、且つ危機的時期によって分かたれた持続は相互に異なっている。他方、二つの連結された危機的時期の間に含まれる諸中間時は、各々、連続的で分割されない。言い換えると、具体的な持続の長さはそれに相応する時代 période のそれに完全に同化される。むしろペリオードの概念そのものが危機的時期とその中間時との完全な同化によって、従って中間時と瞬間とが相互に帰することによって、それ故にまた時間的即空間的であることによって生まれるのである。神話的時間は量的なものでなく、それぞれ性質的に区別されるペリオードにおいてである。かようにして神話的時間は物理的時間とは異なる歴史的時間を現し、そこに歴史と神話との根本的な聯関が考えられるであろう。

* H. Hubert et M. Mauss, Étude sommaire de la représentation du temps dans la religion et la magie (Mélanges d'histoire des religions, Deuxième édition 1929).〔アンリ・ユベール、マルセル・モース「宗教と魔術における時間の表象に関する概観的研究」(『宗教史論文集』第二版、一九二九年)〕

** 拙稿「危機意識の哲学的解明」(『危機に於ける人間の立場』)〔全集第五巻収録〕参照。

九

神話が想像もしくは構想力の産物であるということは多数の学者によって一致して認められている。例えばリボーのごときは、神話は想像力の歴史における黄金時代、その発展の絶頂を現し、神話の創造において想像力の花は満開すると云っている。* しかるにひとはまたかかる構想力をしばしば夢に比している。夢そのものも構想力の産物と考えられるのである。それ故に夢の成立を明らかにすることは一般に構想力の、特に神話における構想力の本質を理解する上に必要な鍵を提供し得ると思われる。人間の意識生活にとって夢は例外であるとすれば、例外はここでも法則を証明するであろう。

＊ Th. Ribot, Essai sur l'imagination créatrice, Septième édition 1926.〔リボ『創造的想像力論』第七版〕

普通に夢は覚醒時の意識とは全く性質を異にするもののように見られている。しかるにベルグソンはかくのごとき見解に反対し、夢の成立は何ら神秘的なものを有することなく、我々の夢は我々の現実の世界の視覚とほぼ同じ仕方で作られ、意識の機構は二つの場合において同一であると論じている。＊そこにおいて最も重要な役割を演ずるのは記憶である。まず夢の材料はつねに現実の感覚である。この材料なしに夢は何物をも作ることができぬ。夢みている者にもし何らの音の感覚も与えられていないとしたならば、彼の夢の中に音が現れるということは不可能である。ただ夢にとって材料となる感覚は決定されておらぬ規定されておらぬ漠然とした感覚である。それの決定の形式は記憶である。その意味において夢はほとんど全く過去の再生であって、ただこの過去が我々に再認し難いような過去であるに過ぎない。覚醒時においても我々は、現れては消えつつ代わる代わる我々の注意を請求する多数の記憶をもっている。これらの記憶は我々の境遇並びに我々の行動と密接に結び附いている。人間においては、記憶は動物におけるほど多く行動の虜でないにしても、なお行動に密着したものである。我々の記憶は、与えられた瞬間において、いわばその絶えず動く頂点が我々の現在と合致しこれと一緒に未来へ突き入るところのピラミッドを形作っている。しかるにかように我々の現在の関心の上に身を置く記憶の背後に、その底に、意識によって照らし出された場面の下部に、他の無数の記憶が存在する。そこに我々の過去の生活が、そのあらゆる細部に至るまで、保存されている。それらの無数の記憶は、我々が行動している限り表面に現れ出ることは不可能であるが、我々が現在の境遇と緊迫した行動とに無関心になる場合、言い換えると我々が眠っている場合、起き出て躍り出し、かような記憶の幽霊のうち、その時我々に与えられている漠然とした感覚と同化し得るもの、また特に我々の身体の諸器官の状態に従って醸し出されている我々の一般的な情緒的状態と調和し得るものは、色や音や更に物質性を身につけることに成功する。かようにして記憶と感覚との間に連結が行われるとき夢が生まれる。それは覚醒時における場合と同一の機構である。例えばひとが本を読むとき、彼は印刷された文字を一々完全に見ているのではない、誤植や脱落に気附かないことも屢々《しばしば》である、その場合実際に見られた文字が記憶を喚び起こし、この記憶がひとつの幻覚 hallucination の形式において外部に投射されるのであって、読者が見るのは文字そのものと同じ程度にあるいはそれ以上にこの記憶なのである。「我々が物を見る場合我々が我々に与えるのは、現実の框《わく》の中へ挿入された一種の幻覚である」(33)、とベルグソンは云っている。記憶は意識の底において外部に出る機会を待っているのであり、その条件が与えられるや否や、感覚と結び附いて自己を実現する。夢と覚醒時との差異は、覚醒時における我々の生活は行動、努力、集中であるに反し、夢においては我々はかかる生活から脱して無関心な状態にあるというに過ぎない。

＊ H. Bergson, L'énergie spirituelle, pp. 91-116.〔アンリ・ベルクソン『精神のエネルギー』〕

かくてベルグソンに依れば、記憶は、夢においても覚醒時においても、一種の幻覚として、感覚のうちに挿入され、感覚と結び附いている。感覚に形式を与えるものは記憶である。そのことから我々は、我々自身の意味において、感覚もまたすでに構想力の論理的形式に入っている、と考え得るであろう。かかる形式は、我々に依れば、例えば、特殊的即一般的ということ、主観的即客観的ということ、実在的即観念的ということ、等々である。記憶のいわば幻覚的な働きによって特殊的な感覚は同時に一般性を有するのであり、また感覚のうちに記憶が挿入されていることによって主観的な感覚は同時に客観的になると共に、逆に、感覚の客観性は同時に主観性を得るのであり、更にそのことによって物質的な感覚は観念性を担って形像として存在し得るのである。ベルグソンは、感覚と記憶との結合において過去は現在と合致し、これと一緒に未来へ突き入ると述べているが、記憶は単に過去であるのでなく、むしろアウグスティヌスが考えたごとく、記憶はそれにおいて過去も未来も現在的である現在でなければならぬであろう。現実の意識は、ベルグソンの云うごとく、過去を含み未来を孕んで無限に流動するというのみでなく、過去も未来も現在に同時存在的であると考えられなければならぬ。またベルグソンは夢は一般に創造的でないと論じているが、[34]そのことは彼が記憶を単に過去と見ることに関係するのであって、もし記憶が真の現在であるとするならば、かかる真の現在である記憶――それはもはや記憶とはいい得ず、まさに構想力と云わねばならぬものである――の作用は創造的であると考え得るであろう。ベルグソン哲学の制限はその内在論にある。彼は創造的進化について語っているが、その内在論の立場においては進化は語ることができるとしても、創造は語ることができぬ。もとより我々は夢が真に創造的であると云うのではない。真に創造的であるのはかえって現実であり、現実そのもののうちに構想力が認められるのである。

ところで夢を想像の、しかも或る創造的な構想力の産物と見た人にフォルケルトのごときがある。*夢は眠りにおいて見られるのが普通であるが、いまもし精神の本質にして絶えず意識的にとどまるということに存し、眠りはこのような精神に対する単に身体的な妨害としてのみ生ずる意識の中断であるとしたならば、眠りはそれが我々にとって実際にあるものとは全く違ったものでなければならぬ筈である、とフォルケルトは云っている。即ちその場合、眠りは精神の最も内的な本質に対し身体によって企てられた敵意ある干渉、外的な力の暴行を意味し、従って眠りは、自由を奪われたり病気に襲われたりした場合のように、何か敵対的なもの、圧迫的なもの、不安なもの、あるいは更に苦痛に充ちたものとしてすら感ぜられねばならぬ筈である。しかるに最も強い、最高度に自覚的な精神に対してすら眠りのもたらす甘さは、周期的に無意識的になるということが、それ故に自己を絶えず意識的にしておく力を有しないということが精神の本質そのものに属することを証明している。覚醒時においては精神は自己を母なる自然の地盤から引き離し、全世界に鋭く対立し、自己の無自然の、反省された内面性を自己の中心とする。眠りにおいて精神は再び、単純な、静かに創造する自然のうちに、差し当たり自己の身体の自然のうちに下りて親密に解け入り、かくして精神の本質は自然の充実し飽満せる生命に近づく。意識的な精神において論理的に分離され、抽象のこまかな篩《ふるい》によって稀薄にされたものはそこにおいて融合し、いわば濃厚な液に固まり、直観の凝聚に流れ込む。覚醒した意識におけるあの主観と客観との間の鋭い緊張に対立するところの具体的な自然の創造に接近した精神状態を考えることなしには、およそ精神が眠りにおいて、この眠りから覚めたとき感じるあのあらゆる機能の力強い爽快さを如何にして得て来ることができるかは理解されない。完《まった》き眠りの後に与えられるものが一種の飽満の、充実あるいは成熟の感情であるということは極めて特徴的なことである。かくてフォルケルトに依れば、夢は眠れる精神の積極的な面、その無意識的な、具体的な、自然的な存在の或る物を有するのでなければならない。言い換えると、夢の生ずる場合の根本的な且つ主要な力は実に無意識的に創造する構想力である。

＊ Johannes Volkelt, Die Traum-Phantasie, 1875.〔ヨハネス・フォルケルト『夢・想像力』〕

夢は単なる聯想作用の産物でなく、構想力の創造に属している。夢に見られるのは幽霊のごとき幻影でなく、手にとることのできる体現的な現実であり、そしてそこでは多くのものが象徴的である。眠りにおいては主観と客観との間の鋭い緊張がなくなると云われるが、しかし夢の最も著しい特色は、主観と考えられるような自己自身も夢の世界のうちへ入って働き、且つこの世界が見られているということである。私は主観として何処か世界の外にあってこれに対しているのでなく、行動する私自身が世界のうちに入っているのである。従って構想力は創造的自然のごときものであるとしても、かような自然は単に主観と客観との融合、主観と客観との同一などというものでなく、かえって主観的・客観的なものを超えたものでなければならぬ。夢の世界においては、行動する私自身がこの世界のうちに入り、且つこの世界が見られている。そこに構想力の超越性の真面目を窺うことができる。眠りにおいて我々は無意識的に創造する自然に近づくとフォルケルトが考えたごとく、構想力はかような自然、シェリングのいうがごとき自然を除いては理解され得ないであろう。もとよりフォルケルトも云ったごとく、夢において我々が世界の内奥に近づくというのは我々が夢の像を通して経験するものによってでなく、我々が夢を生産する過程において無意識的に為し且つ在るところのものによってである。世界が夢であるというのでなく、世界の創造の根柢に構想力が考えられねばならぬというのである。外界の実在性という有名な問題に対する解決も、夢においては働く自己がこの世界のうちに入り、且つこの世界が見られているというところに、重要な示唆が与えられている。

構想力は或る自然、主体的な意味における自然、従ってパトスと結び附いている。かかる自然が何であり、かかるパトスはロゴスと如何に関係するかが問題でなければならぬ。この自然は差し当たり単に我々の身体をいうのでなく、また社会的身体を意味している。社会的身体と構想力との聯関は神話において特に明瞭である。リボーは、古代の神話的活動は文明人においてもなお存在するかと問い、文明の変化した条件に対して変化し適合した神話と見做され得る文学のごときものを別にしても、その純粋な形態における、個人的でなくて集団的な、無名の、無意識的に行われる神話的活動は、今なお伝説 légende の生産において残存すると肯定的に答えている。神話が自然の現象に関わるに反し伝説は人物及び歴史的事件に関わると見ることができるが、その場合生産的な想像力の位置について考えるならば、神話の伝説に対する関係は幻覚 hallucination に対する錯覚 illusion の関係に似ている、とリボーは述べている。即ち錯覚と伝説とは部分的想像であり、幻覚と神話とは全体的想像であるというのである。*かかる説はともかくとして、客観的知識の進歩によって自然に関する神話が消滅した場合においても人間や歴史についての伝説が絶えず生産されているということは、人間とか歴史とかが決して単に客観的に捉えられ得るものでなくかえってどこまでも主体的なものであるということに基づいている。プラトンの神話が根本において霊魂の神話であった(35)ということもそこに深い意味が認められるであろう。リボーは、神話の創造において想像力は完全な自発性において現れ、あらゆる模倣と伝統とから自由に、何らの制定された形式にも束縛されることなく創造し得ると述べているが、しかしレヴィ・ブリュールの云うごとく、未開人の心理はかえって完全に集合表象に支配され、彼らの生活も慣習や制度や伝統に囚われており、神話そのものが実にかような慣習、制度、伝統を維持しようとする集合表象の産物である。構想力の、そしてその論理の完全な発現は神話においてでなく、他の高次の文化において認められねばならぬ。

* L'imagination créatrice, pp. 114, 115.〔リボ『創造的想像力論』〕

ところで神話はもと芸術的な表現あるいは理論的な説明を目的とするものでなく、むしろ実践的な意味を有するものである。神話の本質はその物語のテキストからのみ理解され得るものでない、我々はその社会学的関係に注目しなければならぬ。テキストはもちろん甚だ重要ではあるが、そのコンテキストを離れては生命のないものである。物語の興味はそれが物語られる仕方によって著しく強められ、その固有の性格を与えられるのである。マリノウスキーは云っている、「執行の全性質、音声や擬態、聴衆の刺戟と反応は土人にとってテキストと同様の重要性を有している。社会学者は土人から彼の方針を取って来なければならぬ。執行は、また、その固有の時の定め

――一日の時間、将来の仕事を待つそしてお伽噺の呪術によって微かに影響された新芽の園を背景にもった、季節――のうちにおかれねばならぬ。我々はまた個人的所有の社会学的脈絡、面白いフィクションの社交的機能と文化的役割を心に留めて忘れてはならぬ。これらすべての要素は等しく関係がある、すべてはテキストと同様に研究されねばならぬ。物語は紙の上にでなく土人の生活のうちに生きているのである、物語がそのうちに栄える雰囲気を喚び起こし得ることなしに学者がそれを書きとめる場合、彼は我々に実在の切断された一片を与えたに過ぎない」*。かようにして神話は単に観念であるのでなく、むしろ一つの制度の意味を有している。神話を芸術的ないし理論的生産物のごとく見る者は神話の制度的性質を理解することができぬ。もっとも神話が制度的なものと考えられるのはそのコンテキストの関係においてであって、そのテキスト自身はどこまでも観念的なものであると云われるであろう。この観念的なものは合理的なものでなく、客観性を欠き、主観的なものに過ぎない、従って歴史を神話と見ることは歴史を主観的なものにしてしまう危険を有している。構想力の論理が単にイメージュの論理であり、かかるイメージュは神話や夢におけるごとく単にイマジナリィなものであるならば、それは歴史の論理であり得ないであろう。歴史は観念的なもの、主観的なものでなくて、最も現実的なもの、最も客観的なものである。構想力の論理は単なるイメージュの論理でなく、むしろフォームの論理でなければならぬ。かくのごとき客観的歴史的なフォームとしてまず考えられるのは制度である。そこで我々は進んで制度と構想力との関係を研究しなければならぬ。

＊ B. Malinowski, Myth in primitive psychology, p. 30.〔マリノフスキー『原始心理学における神話』〕

第二章　制　度

一

「社会、言語、法律、『道徳』mœurs、芸術、政治、すべてこれら世の中において信用を基礎とするものは、その原因において同じでないこれらすべての結果は、慣習convention を、言い換えると待場 relais を必要とする、——それへの迂回によって或る第二の実在 une réalité seconde が感覚的な瞬時的な実在と共に設定され、組成され、このものを覆い、このものを支配し、——時としては原始的生命の怖るべき単純さを現れしめるために引き裂かれる」、とヴァレリイは云《い》っている。* 例えば、政治の世界は慣習の全体に還元し得るところの、あらゆる場所において作用しながら何処《どこ》においても見るを得ぬところの或る「他の世界」un autre monde である。政治は慣習的実体の組み合わせに帰し得るものであり、この実体は如何《いか》にして作られたか知られぬながらも人間のあいだに交換され、量ることのできぬ拡がりと反響とを有する結果を作り出している。ヴァレリイはかような慣習をまた擬制 fiction と呼び、あらゆる社会状態は擬制を必要とするとも書いている。慣習は一種の魔術あるいは呪縛であり、また神話と考えられる。人間社会に固有な特徴は、この社会が慣習ないし擬制なしには存立し得ないということである。そこでは本能は慣習によって征服される。文明に向かっての社会の運動は象徴や記号の支配に向かっての運動である、それは「事実の時代」から「擬制の国」への進歩である。すべての社会は慣習のうち第一の、最も重要なもの、言語の上に、また文字の上に横たわっている。社会は魔術によって支えられ、社会は「呪縛の建物」である。すべては形像の力によって存続し、もしひとがこの形像を信用しないならば、やがてすべては崩壊してしまう。** かくて現代の最も特色ある二人の思想家、パスカリザンなる前述のソレルとカルテジアンなるヴァレリイとが、互いに異なる思考を通じて、それぞれ神話に重要性を認めたということは極めて興味深いことであろう。「実際、我々のうちにはあのように多くの神話が存在し、あのように近しいので、我々の精神からそうでないような何物かをはっきり分離することはほとんど不可能である」、とヴァレリイは云っている。「神話は我々の行動と我々の愛との魂である。我々は幻像に向かって我々を動かすことにおいてのほか行動し得ない。我々は我々の創造するもののほか愛し得ない」、と彼はまた神話に関する書簡の中で書いている***。歴史においては神話が実在的である、また歴史においてはあらゆる実在的なものが神話の意味を有し得る。もっともヴァレリイは彼のいう慣習を単純に神話と考えることに同意しないであろう。彼にとっては慣習は擬制であり、約束であり、知性の産物である。けれども神話から知的要素をことごとく排除しようとするソレルの見解が一面的であるごとく、ヴァレリイのいう慣習は知性の産物であるにしてもそれが人間行為を支配するのは単なる擬制としてでなくいわば神話としてであり、従ってそれはまたパトス的なものに基礎を有しなければならぬ。神話はパスカル的非合理主義によってもデカルト的合理主義によっても説明されない性質を有している。そこに構想力の論理の原始形態が見られねばならぬ。慣習はもとより神話と同一でなく、両者の区別は大切である。しかもそれらは構想力の論理における範疇の区別を現すと考えられるのである。

＊　Paul Valéry, Regards sur le monde actuel, 1933, p. 89.〔ヴァレリー『現代世界に関する考察』〕

＊＊　Voir Valéry, Préface aux Lettres Persanes.(Variété II)〔ヴァレリー「『ペルシア人の手

紙』への序文」(『ヴァリエテ II』)〕

＊＊＊ Petite lettre sur les mythes (Variété II).〔ヴァレリー「神話に関する小書簡」(『ヴァリエテ II』)〕

ところでヴァレリイが convention と称するものは普通に慣習といわれるもののみでなく、道徳もしくは習俗、法律、政治、言語、芸術、社会そのものに至るまで包括する。かくのごとき広汎な意味を有する点から考えて、ヴァレリイの convention という語に替えるに、我々は一層普通の用語例に近く institution（制度）という語を採用することにしよう。＊ あるいはこれまで使ってきた *μῦθος*（神話）という語に対せしめて *νόμος* というギリシア語を用いることが適当であろう。ここに制度と名附けるものももちろん、普通に制度といわれるものに限られることなく、言語、慣習、道徳、法律、芸術、等々をも含めて考えるのである。言い換えると、神話がひとつの範疇即ち歴史的なものの或る一定の存在の仕方を意味するように、制度も他のひとつの範疇即ち歴史的なものの他の一定の存在の仕方を意味している。あらゆる歴史的なものは、神話そのものをも含めて、ノモスとして存在すると云うことができる。しかも今かように制度という場合、そのうちにはさしあたり区別さるべき三つの意味が含まれている。

まず制度はヴァレリイの意味における convention もしくは fiction である。何らの擬制的性質をも有しないような制度は存しない。そしてそれはまた convention という語自身(convenio = to come together, assemble から来る)が示すごとく、多数の人間のあいだにおける一致、同意ないし約束を意味し、従ってつねに社会的性質のものである。次に制度は、一般に慣習といわれるものの多くが普通に coutume (custom) という語をもって表されるごとく、或る習慣的なもの、ひいては伝統的なものである。それはもとより個人的な習慣即ち habitude (habit) から区別される。かかるものとしてそれはつねに社会的性質のものであり(その語はラテン語の con-suesco に由来する)、その限りそれはまた何らか convention の意味を有しなければならぬであろう。しかし convention が擬制の意味において或る肆意的なもの、自由なもの、そしてロゴス的なものと見られるに反し、coutume は或る自然的なもの、必然的なもの、そしてパトス的なものと見られ、制度はかようにして或る習慣的ないし伝統的性質を具えている。また convention は擬制の意味において我々にとって何か外的なものと考えられるとすれば、coutume (consuetudo) はラテン語の suesco に関係し、且つこのものは suum (sien) に関係し、そして「彼自身のものとして認める」という意味を有すると考えられ、従って或る内的なものと考えられる。しかるに第三に、慣習という語(mos, mores, consuetudo)がもと慣習法という意味にも区別されずに使用されたように、**制度は或る法的な、ノモス的な性質を担っている。それは単に convention として便宜(convenience)のためのものでなく、法的なものとして強制的にあるいは権威的に個人に対するのである。制度は擬制の意味においてのみでなくノモスの意味においてもヴァレリイのいわゆる或る第二の実在を形成している。かようにして制度の概念のうちに含まれると見える右の三つの意味を一層内容的に展開し、更にそれら相互の聯関を分明ならしめることが問題である。

* 制度の概念をかく広い意味に用いた例には Ch. H. Judd, The psychology of social institutions, 1936.〔チャールズ・ハバード・ジャッド『社会制度の心理学』〕のごときがある。

** Rudolf v. Jhering, Der Zweck im Recht, 6–8. Auflage, 1923, Zweiter Band, S. 21.〔ルドルフ・フォン・イェーリング『法における目的』第六―八版 第二巻〕

あらゆる制度はまず擬制的性質を具えている。そこに我々は神話的存在と制度的存在との区別を認め得るであろう。神話的存在はもとより現実的なものでなく、まさに神話的なものである。しかしながらそれは擬制的と云うべきものでなくて神秘的なもの、宗教的なもの、神聖なものである。制度ももとより神話化され、一つの神話として存在することが可能であり、また実際にそのような場合も尠《すく》なくない。古代においては制度は宗教のうちに包括されていた。例えば、ギリシア人やローマ人にあっては、インド人にあっても同様、法律は初め宗教の一部分であった。「法律は正義の観念からでなく宗教から生まれたのであって、宗教の外においては考えられなかった。二人の人間のあいだに法律の関係が存在するためには、既に彼らのあいだに宗教的関係が存在しなければならなかった」、「法律は宗教の一つの面に過ぎなかった、共通の宗教なしには共通の法律はなかった」、とフュステル・ドゥ・クゥランジュは書いている。* 単に法律のみでなく、芸術のごときものも宗教の一部分であり、更に附け加えて云えば、その宗教は血族的なものであった。ローマ帝国の最後の時代に至るまでなお芝居やまたそこでは芸術があらゆる形式のもとに展開される公の祭は宗教的儀式の部分を形作っていたのである。もっとも、我々は神話と制度との区別を必ずしも時間的順序において考えるのではない。神話は一定の制度の維持と保存とのために作られると見ることもできる。またもちろん一般に神話が滅んだと考えられる後においても制度は存すると考えられる点から、神話と制度との区別を考えてゆくことも可能である。しかしながら我々の問題は論理的問題である。そして神話と制度との論理的区別はさしあたり後者の擬制的性質において認められることができる。擬制は本能の作り得るものでなく、かえって知性の産物である。神話が神秘的なものであるに反して制度は一層知的なものであり、神話の神秘性に対して制度の知的性質を挙げることができる。問題は、かように知性といわれるものが果たして如何なるものであるかということでなければならぬ。

＊ Fustel de Coulanges, La cité antique, p. 226.〔フュステル・ド・クーランジュ『古代都市』〕

いま制度が擬制的なものであるとするならば、その点においてすでに制度の知性は構想的でなければならぬと考えられるであろう。あるいは一般に擬制的ないし仮説的に働き得るということが知性の一つの重要な特徴であり、その点においてすでに知性は構想力と結び附くことができ、事実その場合知性は構想力と結び附いていると考えられるであろう。制度の知性の根柢には構想力がある。構想力なしには制度の発達はあり得ない。例えば、道徳も最初その通用範囲は血族関係の範囲に限られていた。かかる一定の道徳がその領域を拡大し得るためには、それが合理的なものでなければならぬことは言うまでもないであろう。けれどもただそれのみでは十分でない。タルドに依れば、社会上並びに道徳上の同国人であるには血族関係が必要であった未開時代においては、あらゆる擬制が人為的な血族関係を創造し、このものにまで自然的な血族関係の諸利害を拡げることを可能にしたということがあったのである。*多くの野蛮人の間では、種々なる盟約者たちの数滴の血を混合し、かくしていわば同血者となることによって同盟を固めるという慣習が行われている。それは同胞の義務と愛情とを血族の狭い限界を越えて拡大する荘厳なる手段の発明を意味している。しかるにかような擬制が発明されるためには、且つそれが実効的であり得るためには、空想、想像、構想力が働かねばならぬであろう。まことに多様な、またまことに奇怪な形式を有する養子縁組も右と同じ目的に対する別の手段であった。更に異国人の歓待もこれと類似の観念を基礎とした、その家に入るという事実が、実に、養子をしたり流した血を混《こん》じたりすることにも比し得るところの、血族のうちへの擬制的な合体と見做されたのである。かような擬制はもとより単に知的なものでなく、パトスに基づいた構想力なしには考えられない。この種のもののうち最も霊妙なものは、すべての人間は汝の兄弟である、汝らはすべて神の子である(1)、というキリストの言葉である。それは世界同胞の神話である。神話なしには道徳はあり得ない、あるいはむしろ、すべての道徳の根柢には構想力がある、と云い得るであろう。

＊ G. Tarde, Les lois de l'imitation, pp. 381, 382.〔ガブリエル・タルド『模倣の法則』〕

例えば、我々は人に会ったときお辞儀をする。挨拶は一つの擬制であり、一つの制度である。かような挨拶は合理的なものであろうか。挨拶の仕方は種々の民族において種々に異なっている、我々がお辞儀をする場合に西洋人は握手をする、即ち挨拶の仕方は合理的なものの本性と考えられるような普遍性を有しない。そして抽象的な挨拶一般が存在するのでなく、ただ或る一定の具体的な表現としてのみ挨拶は挨拶の意味を有するのである。また挨拶のうちに表現されるものは理知的なものというよりも情意的なもの、即ち服従、親愛等の意志や感情である。それだからといって、挨拶という制度は全く非合理的なものであるのではない。それは一つの擬制として知性の産物でなければならぬ。もし全く非合理的なものであったならば、それが社会的に伝播し永続することは不可能であろう。挨拶は本能的なものであるとも考えられるが、しかし挨拶は礼儀としてむしろ擬制をもって本能に替えるという意味を有している。簡単に云えば、種々なる挨拶の形式は単に合理的なものでも単に非合理的なものでもない。かかるものとしてそれはまさに構想力に属する。実際、我々の生活の主なる部分はこのように単に合理的とも単に非合理的とも云い得ない無数の大小の制度のうちに動いている。それを単なる非合理主義によって考えることが誤っているのと同様、それを単なる合理主義によって説明することも誤っていると云わねばならぬ。お辞儀をするとか握手をするとかという挨拶の形式は身分とか階級とかという社会的関係によって規定され、かような社会的関係を表現すると考えられるであろう、これは挨拶という制度に対する知性の合理的な説明の仕方である。確かにその通りであるにしても、それによってはいまだ或る特定の挨拶の形式が如何にして作られたかは説明されない。挨拶は自然の一般的法則を表現する数式のごときものとは異なっている。それが本能に帰せられるのもこれがためである。もとよりそれは本能的なものでなくて擬制的なものである。しかも或る一定の具体的な形式を有する挨拶は単なる知性の産物でなく、かえって構想力の産物である。「諸義務は、それを久しく実行している者にとっては如何に単純に見えるにしても、その発端においてはすべて個人的な独創的な発明であった、他の発明と同様に相継いで現われ、相継いで拡がった発明であった」、とタルドは述べているが*、挨拶のごときも一つの習俗 Sitte であり、習俗は義務の性質を担っており、しかもそれはもと一つの発明である。そしてもしそれがもと一つの発明であったとすれば、それは知性によりも構想力に属しなければならぬであろう。ベルグソンも云うごとく、我々の知性は発明を「その湧出において、言い換えるとそれが不可分のものを有する点において、またその天才性において、言い換えるとそれが創造的なものを有する点において」捉えることができぬ。** 「創造は何よりも感情を意味する」、とベルグソンは述べている。*** しかし創造は単なる感情ではない。ロゴス的とパトス的とが一つと考えられるような構想力から創造は考えられるのである。もっとも、挨拶のごとき習俗が発明であるという意味は、文学や美術のごときが創造であるという場合に比して、制限されているであろう。そこで我々は習俗、一般に制度の性質を、他の、即ち先に掲げた第二の意味方向から追求してみよう。

＊ Tarde, Op. cit., p. 375.
＊＊ H. Bergson, L'évolution créatrice, p. 178.〔ベルクソン『創造的進化』〕
＊＊＊ H. Bergson, Les deux sources de la morale et de la religion, p. 41.〔ベルクソン『道徳と宗教の二つの源泉』〕

二

制度は単なる知性の作るものと考えられないが、それはしばしば本能に帰せられている。マクドゥーガル（William McDougall）その他の学者は、社会を個人の本能から導き出そうとし、人間社会の文明的な生活様式の源泉を本能のうちに見出そうとしている。本能と知性とは相反するものと云われる。ベルグソンに依れば、それらは同一の原理の二つの相異なる発展である、即ち生命は一方の場合自己自身に内面的に止まり、他方の場合自己を外面化し、無機的物質の利用に自己を奪われる。知性が本能を吸収することができないのはこの相反性に基づき、本能のうちには知性の言葉をもって表現され得ない、従って分析され得ない本質的なものが存する。知性がすべての物を機械的に取り扱うに反し、本能はいわば有機的な行き方をして、生命がそれによって物質を組織する仕事を継続する。一の種が他の種について或る特殊の点に関して所有する本能的知識はその根を生命の統一そのもののうちに有するのであり、生命はその際自己自身に対して完全に共感的である。* かくてベルグソンに依れば、本能の本質は一種の共感 sympathie であり、文字通りの意味においてパトスを共にすることである。本能と知性とはかように相反するものであるとしても、それらは何らかの点においで結合し、一致し得ないであろうか。それらを互いにどこまでも排斥的なものと考えるところにベルグソンの非合理主義、直観主義の立場が見られ、我々は彼のこの立場に単純に同意し難い。ジェームズは、本能はつねに盲目であるのでなく、また不変であるのでもないと論じ、次のごとく云っている。** 人間は下級の動物が有するすべての衝動を有し、そのほかになお多数の衝動を有する。言い換えると、本能と理性との間には何ら実質的な反対は存しない。理性はそれ自身としては如何なる衝動をも禁止し得ない、ひとつの衝動を中和し得る唯一のものは他の方向の衝動である。けれども理性は想像を刺戟しもって他の方向の衝動を解き放つような推論をなすことができる。もしかくのごとくであるとすれば、想像 imagination は理性と本能との中間であると云い得べく、理性は想像を媒介とする特殊な推論によって本能を動かし得ることになる。構想力は本来ロゴス的であると同時にパトス的なものとしてかかるものであり得るのである。知性と本能とは生命の二つの主要な発展の線の極点を現すとベルグソンは云っているが、(3) 両者は構想力においては一つである。社会の諸制度、社会そのものは単なる本能に基づくのではない、それらはまた単なる理性の論理に従うのでもない、それらは構想力の論理に従って作られるのである。理性の論理はむしろ原始論理 Urlogik ともいうべき構想力の論理から抽象されたものと考えられねばならぬであろう。

* Bergson, L'évolution créatrice, p. 179 et suiv.〔ベルクソン『創造的進化』〕
** William James, The principles of psychology, Vol. II, p. 393.〔ウィリアム・ジェームズ『心理学原理』〕

すでに云ったように制度は本能によっては説明されない。かくのごときは社会的なものを生物学的なものにしてしまうことである。むしろ本能に替わるものが制度なのである。しかるに習慣はまたこのように本能に替わるものと見られている。ジェームズは本能も不変でないと云い、そして次のごとく書いている、「このような本能の過渡性から引き出さるべき自然的結論は、大多数の本能は習慣を生起させるために植え附けられており、そしてこの目的がひとたび達成されると、本能そのものは、本能としては、心的経済のうちにおいて存在理由を有せず、従って褪せてゆくということである」*。本能は身体構造上の相続を通じて伝えられた行動の様式であるとも、行動に対する相続された性向であるとも、社会心理学者たちは定義しているが、簡単には、遺伝的自然であると云うことができる。習慣は「第二の自然」としてこの第一の自然に替わるのである。制度は単にロゴス的なものでなくて同時にパトス的なものであるが、それは本能的なものであるよりも習慣的なものである。

* James, Op. cit., Vol. II, p. 402.

習慣はひとつの自然と考えられるが、それは、ラヴェッソンが習慣論の中で、無機物の世界は宿命の国 l'empire du Destin であり、有機的生命の世界は自然の国 l'empire de la Nature であると云った意味においてでなければならない*。全く機械的で外的必然性にのみ支配される物体は習慣というものを有しない。習慣を有し得るものは変化し得るものでなければならぬ。しかしこの変化は単なる場所の変化のごときものであることができない、ひとつの石を百度続けて同じ方向に同じ速度で投げたとしても、石はそのために習慣を作るということはないであろう。反覆ということから習慣を説明する機械的な見方は却《しりぞ》けられねばならぬ。すでにアリストテレスは、習慣は最初の行為と共に始まると云っている(4)。行為の各々の遂行において変化がないならば、如何に反覆しても変化は生じないであろう。反覆はせいぜい顕わなあるいは隠れた結果の総和を作り出すに過ぎぬ。反覆の数及び反覆の事実そのものは偶然的である。すべての行為は始まりつつある習慣と見做すことができる。しかし結果は蓄積されるのでなければ眼に見ゆるものとはならぬと云われるであろう、もちろんしばしばその通りである。けれども反覆がつねに必要であるかどうかは疑わしく、一つの行為が時としてただ一撃で新しい習慣を作り得ないとも云えないのである。反覆することによって学ぶ場合においても、種々の反覆が同一の価値を有しないということ、反覆の数が減少され得ないものでないということは可能である。** いずれにしても習慣は機械的に説明されるものではない。習慣は単にひとつの状態でなく、かえってひとつの傾向性である。それはもはや存しないまたいまだ存しない変化にとって、即ち可能なる変化にとって存続するひとつの傾向性である。習慣は単に可変性を含むのみでなく、傾向性もしくは内的能力における変化を前提している。従って可能性と現実性、内と外というがごとき区別がその物の本質的構造に属するものにして習慣を作ることができる。直接性と同質性の世界、無機的秩序の世界においては習慣は存し得ない。習慣を作り得るものは内的自発性を有するものでなければならぬ。しかしまた絶対に自発的なもの、能動的なもの、絶対に自由なものも習慣を作らないであろう。ラヴェッソンの云ったごとく、習慣は意志と自然との比例中項である。自然は意識のうちへ喰い入っている、他方自由は自然のうちへ流れ込んでいる、自然の底に自由が見られると共に意識の底に自然が見られるのである。習慣においては自然と自由とが一つであり、受動性と能動性とが一つである。その意味において習慣は自然的自発性 la spontanéité naturelle である。習慣は我々の意志のうちにのみでなく我々の思惟のうちにも働いており、習慣の法則は道徳、芸術、科学等、高度の精神的活動の領域においても認められる。習慣は生命の、意識の原形式である。習慣は作られた自然 la nature naturée として、作る自然 la nature naturante の所産であり且つ顕現である。ところでベルグソンは、本能は記憶の形式のものであると云っているが、むしろ習慣がそうであると云わるるであろう。(5) 習慣と本能、習慣と自然との間には程度の差異しかなく、この差異は無限に縮められることができる、とラヴェッソンは云っている。しかるにもし習慣が記憶の形式のものであるとすれば、そのうちに習慣の作用が認められる一切のものは構想力の論理に従うと考えられないであろうか。生命を単に生物学的なものと見るのでなく、かえって生物学的自然を歴史的自然のうちにおいて考えようとする立場にあってはかく考えられねばならぬであろう。すでに神話の項において論じたごとく、記憶の問題は構想力の問題である。古来 *φαντασία* とか imago とかと云われたのは主として記憶像のことであった。構想力の問題は単に創造の問題でなく、また記憶の、従って伝統の問題である。しかも創造と伝統とは抽象的に分離することができない。ラヴェッソンに依れば、「悟性と意志とは非連続と抽象的なもののほか限定しない。自然が具体的な連続、実在性の充実を作るのである」(6)。意志が限界を決定し形を限定するのは、心の底に音なくして流れる無意的な自発性の間断なき流れにおいてである。また反省的思惟はそれに先立つ直接性として、そこでは観念とこれを思惟する主体とが区別されない直観を含んでいる。悟性と意志とは極限にしか、終末にしか、両端にしか関係しない。そのあいまは中間の無限に可分な連続を含む。連続は不可分の中項を含み、そこでは、中間のあらゆる拡がりにおいて、一方の端あるいは他方の端からどれほどの距離であるにせよ、両端が相接し、反対のものが一つになる。分かたれた極限としての極限の知性は中間の知性を含む、また目的の意志は手段の意志を含む。この意志とこの知性とはなお間接のものでしかあり得ず、かくして無限に進む。ひとは無限に可分な中間を決して尽くし得ず、従ってまた決して再び積分し得ない。

両端の間接的な知性と意志とは従って中間の直接的な知性と意志とを含むのでなければならぬ。直接的な知性と意志とは中間のあらゆる拡がりにおいての運動における中項のごときものである。両端はそこでは到る処相接し、始まりと終わりとはそこでは一つになる。この直接的な知性は、そこで観念が存在のうちに融け合っているところの具体的思惟であり、この直接的な意志は、欲求 désir あるいはむしろ所有すると同時に欲求するところの愛である。この思惟とこの欲求、愛の運動のうちに実体化されたこの観念、それが自然である。しかるにラヴェッソンがかように「観念が存在のうちへ融け合っている具体的思惟」la pensée concrète, où l'idée est confondue dans l'être と云い、「所有すると同時に欲求する愛」l'amour, qui possède et qui désire en même temps と云い、「愛の運動のうちに実体化された観念」l'idée substantialisée dans le mouvement de l'amour と云い、そして最後に「自然」と云うものは、構想力と考えられないであろうか。ラヴェッソンも、悟性のあらゆる作用は運動の構想 imagination を含むと述べている。(7) 悟性と意志との根柢には構想力がある。単に合理的とも単に非合理的とも考えられないところに構想力が考えられるように、自由と自然とが一つであるところに、運動と状態とが一つであるところに構想力が考えられるのである。習慣は変化を予想する、変化し得るものにして習慣を作り得る。しかるに変化は時間を離れて考えられない。無機的存在は時間と何ら限定された関係を有せず、生命あるものにして初めて時間との内的関係を含む。しかし習慣は単なる変化でなく、かえって持続を意味している。そして変化が時間的であるに対し、持続の根本形式は空間である。すべて生命あるものは時間的であると同時に空間的であり、習慣は生命の原形式であると云い得る。時間と空間とが一つであるところに形が生ずる。習慣的なところがなければ形は生じないとも云い得るであろう。構想力の論理はまさに形の論理にほかならず、この論理は時間即空間、空間即時間ということを現している。すべて生命あるものは形を有するものであり、かかるものとして個体である。個体は生命と共に始まるのである。かくしてまた習慣を有し得るものは個体であるとも云われるであろう。

* Félix Ravaisson, De l'habitude, Nouvelle édition 1933.〔フェリックス・ラヴェッソン『習慣論』新版〕

** P. Guillaume, La formation des habitudes, 1936.〔ポール・ギヨーム『習慣の形成』〕

ところで個人において習慣であるものは社会においては慣習である。習慣 habit の概念と慣習 custom の概念とは区別されねばならぬ。もっとも、これは概念上の区別であって、二つの語は屢々《しばしば》互いに流用されている。例えばパスカルは云っている、＊「習慣は我々の自然である」。「習慣は第一の自然を破壊する第二の自然である。だが自然とは何か。どうして習慣は自然的でないのか。習慣が第二の自然であるように、この自然そのものが第一の習慣に過ぎぬのではないかを私は甚だ恐れるのである」。また曰く、「ひとつの結果がつねに同様に生ずるのを見るとき、我々はそれからひとつの自然的必然性を結論する」。「我々の自然的原理というのは我々の習慣的になった原理のほかの何であるか。……違った習慣は我々に違った自然的原理を与えるであろう、それは経験によって分かる」。「全人生にとって最も重要なものは職業の選択である、偶然がそれを決定する。習慣が石工、軍人、屋根師を作る。……子供の時にこれらの職業が称讃され、そして他のすべての職業が非難されるのを聞くことによって、ひとは選択する。……かくも習慣の力は偉大である」。これらの場合絶えず coutume という語が使われているが、習慣と訳して差し支えないであろう。パスカルのこれらの言葉のうちに我々は、「自然の法則はその習慣である」という、そして習慣のごとく或る偶然を含むというブトルー(8)の思想の先駆を見ることができるであろう。アリストテレスは、「エトス（習慣）は実に自然のごときものである」*ὥσπερ γὰρ φύσις ἤδη τὸ ἔθος*. と云ったが**、我々はむしろパスカルと共にこれを裏返して、自然は実に習慣のごときものであると云うことができるであろう。また我々は右のパスカルの言葉のうちに、認識、特に因果の認識に対する習慣の、そして一般に構想力の意義を主張したヒュームらの経験論の先駆を認めることもできるであろう。ところで coutume という語が個人的習慣の意味にも社会的慣習の意味にも用いられるということは偶然でなく、そこに後に述べるような個人と社会との関係についての一つの重要な問題が含まれている。しかし制度はさしあたり個人的な習慣というがごときものでなく、社会的な慣習である。社会における慣習は個人における習慣に比すべきものであるにしても、かかる慣習は仔細には如何《いか》なるものであろうか。

＊　Pascal, Pensées, 89, 91, 92, 93, 97.〔パスカル『パンセ』〕

＊＊　Aristoteles, De memoria, 452a28.〔アリストテレス「記憶と想起について」〕

三

「自然は自己を模倣する。善い土地に投ぜられたひとつの穀粒は実を結ぶ。善い心のうちに投ぜられたひとつの原理は実を結ぶ。数は空間を模倣する、それらはいとも異なる性質のものではあるが。* すべては同じ主によって作られ且つ導かれる、根、枝、実、端初、帰結」、とパスカルは記している。** 自然の原理が模倣であるように、習慣の、そして慣習の原理も模倣である。自然と習慣ないし慣習とが互いに容易に入れ代わることができるのは、それらが共に同一の原理から出ているのに依ると見られるであろう。ただ、「自然は多様化しそして模倣する、人為は模倣しそして多様化する」Nature diversifie et imite, artifice imite et diversifie (Pensées, 120)。習慣も慣習も単なる自然でなくて人間の作るものである。習慣においては個体は自己自身を模倣するに反し、慣習においては無数の個体が互いに模倣し合う。前の場合、個体は限りなく自己のうちに自己を写そうとし、後の場合、無数の個体が限りなく互いに他を写し合おうとする。前者は直線的であり、後者は円環的である、と云い得るであろう。

＊　この含蓄的な言葉はクルノ(A. Cournot)によって彼の書物 Origine et les limites de la correspondance entre l'algèbre et la géométrie, 1847.〔アントワーヌ・オーギュスタン・クールノー『代数と幾何学の対応の起源と限界について』〕の題辞とされた。

＊＊　Pensées, 119. ブランシュヴィクはこの思想をヘーゲルの次の方式に関係附けている、「木は推論式のごとく生長する」。我々は、それは構想力の論理に従う、と云うであろう。

ところでタルドは単に慣習のみでなく社会そのものの本質は模倣であると考えた。社会とは何かという問《とい》に対して、「社会とは模倣である」La société, c'est l'imitation. と彼は答える。＊ 彼に依れば、宇宙のうちには普遍的反覆が見出される。即ち物理現象における波動あるいは一般に周期的運動、生物学的現象における遺伝あるいは習慣——習慣は内面的遺伝であり、遺伝は外面化された習慣である——、そして社会現象における模倣がそれである。それらは最も顕著な普遍的反覆の三大形式である。社会についての科学が可能であるのもそのうちに反覆の現象が存在するからであって、科学というのは反覆の側から眺められた現象の秩序である。社会は模倣的反覆によって成立する。模倣は拡がってゆくが、しかし模倣が行われるためには模倣される或る物がなければならぬ。模倣に対するのは発明 invention である。今日我々の間でいわば自明のものとして通用しているものもその起原に溯ればすべて発明であったのである。そして模倣を反覆 répétition と解したタルドは、発明を適応 adaptation と解している。(9) タルドの模倣論において特に注目すべきことは、そのモナドロジー的基礎であろう。例えば彼は次のごとく論ずる。** 我々は云う、ひとが為すように為す、と。この場合「ひと」というのは世間のことであって、そこでは集団的な非人格的な且つ同時に普通は無意識的なモデルが理解されている。しかしながら、ひとが語るように、ひとが考えるように、ひとが為すように、語り、考え、為すに先立って、我々はまず彼または彼女が語り、考え、為すように、語り、考え、為すことから始めなければならぬ。この彼または彼女は我々の近親の某々である。「ひと」の根柢をよく探れば、我々はつねにただ一定数の彼らと彼女らとを見出すのであって、そこではかかる人間の数が増すことによって混合されているに過ぎない。この区別は極めて単純なことであるに拘らず、或る制度もしくは社会的製作物において個人の発意に対し創造的役割を認めず、言語、宗教、等々は集団的製作物であるなどと云うことが何らか説明になるかのように信じている人々によって忘れられていることである。かような説明は実際は幻想的である、なぜならそれは、集団的力、従って無数の人間の一定の関係のもとにおける相似を前提することによって、一層大きな問題、即ち如何にしてかくのごとき一般的な同化が生じ得たかという問題を避けているから。この問題は分析を二人の人間の頭脳の間の関係にまで進めることによって初めて答えられることができる。相似と同化は模倣とその伝播によって形成され、一旦形成された後伝統によって、言い換えると祖先の模倣によって永続的にされる場合、それは個人に対してしばしば専制的に働く力ともなるのである。一民族の精神あるいは天才などと称せられるものも単に便利な符牒に過ぎない、それはもろもろの個人的独創性の匿名の綜合にほかならない。この個人的独創性のみが真のもの、あらゆる瞬間において効果的に活動しつつあるものであり、かかる無数の独創性は各社会のうちにおいて隣接社会との間に行われるモデルの絶えざる借入及び交換のおかげで不断の醱酵状態にあるのである。集団的な非人格的な天才というものは無限に多くの個人的天才の函数であって、その係数ではない。各個人はすべて或る天才であり、或る独創性である。タルドに依れば発明は適応であるが、それは観念の調和を意味し、このものが人間のあらゆる調和の母である。人間のあいだのすべての聯合の根柢に、もと、一人の同一の人間の観念のあいだにおける聯合がある。即ち個人的天才が一切の社会的調和の真の源泉である。(10) かくしてすべてはその起原において個人的である、とタルドは考える。基本的な社会的反覆は最初の模倣者の個人的事実であり、これが巨大な感染の出発点である。そして基本的な社会的適応は模倣さるべく定められた個人的発明、言い換えるとまず一人の人間の精神における二つの模倣の幸福な交叉である、このもと全く内面的な調和の傾向は拡がることによって自己を外に現すのみでなく、かかる模倣的流布によって他の発明と結び附き、かくて最後に調和の連続的な複雑化と調和化とによって人間精神の集団的製作物、文法、神学、法典、労働の組織、道徳等が形成される。すべては極微から来り、そして恐らくすべては極微に還る。眼に見える宇宙を構成するすべてのものは眼に見えぬもの、一見無であるようなものから始まるのであって、そこからあらゆる実在が尽きることなく出て来る、と考えられた。

* G. Tarde, Les lois de l'imitation, p. 95.〔タルド『模倣の法則』〕

** Voir G. Tarde, Les lois sociales.〔タルド『社会法則』〕

我々はかようなタルドの見解を単純に個人主義として非難しないであろう。無数の個人はモナドロジー的世界を形作っている。各人はタルドに従えば万人の間においてそれと見分け得る彼自身の分明な特徴によって印し附けられ、固有 sui generis のものの、独創的なもの、ライプニッツのモナドのごときものである。そしてライプニッツにおいて無数のモナドは互いに写し合うことによって世界を作るように、社会はタルドにおいて無数の個人が互いに模倣することによって作られる。社会的存在としての人間は何よりも模倣的存在である。またライプニッツのモナドロジーの基礎に予定調和説があるように、タルドにおいても模倣はもとより発明も、観念の間の調和を作ることによって人間のあいだの調和を作るものと見られた。彼は反覆と適応との中間に反対 opposition の現象を考えたが、このものは彼においてむしろ第二次的なものであり、発明的な、従って調和的な天才を刺戟すべく敵対的な力の緊張を喚び起こすためのものに過ぎぬ。しかしながらタルドの模倣論はライプニッツの主知主義を破らねばならず、また破っているように見える。模倣は単に知的な過程であり得ない。ひとは知って後に模倣するよりも模倣によって知るのである。タルドは模倣は感応作用 suggestion であると云っている。また彼は模倣は一種の夢遊病 somnambulisme であると云い、社会的存在即ち模倣的存在としての人間は真の夢遊病者のごときものであるとも書いている。(11) 社会的状態は催眠状態と同じく夢の一形式にほかならないとも見られている。

暗示された観念しか有しないでこれを自発的なものと信じていること、かくのごときが夢遊病者に特有な幻覚であるが、それは社会的人間においても認められるものである。しかるにかかる幻覚が生じ得るためには共感 sympathie の存在することが必要であろう。タルドは初め模倣の基礎に、従って社会の根柢に共感でなく威光 prestige を置いたが、やがて彼はこの意見を訂正して記している、*「共感こそ社会性の第一の源泉であり、あらゆる種類の模倣の、羨望的なまた打算的な模倣すらの、敵の模倣すらの顕わなあるいは隠れた魂である。ただ共感そのものが相互的である前に一方的であることから始まるということは確かである」。いずれにしても共感なしには模倣はあり得ない。リボーの云うごとく、共感と模倣とは同一の現象の二つの面である、共感は現象の特に受動的な側を、模倣はその能動的な側を現すに過ぎぬ。** 模倣はその知的な面を、共感はその感情的な面を現すとも云い得るであろう。模倣と共感とは構想力の両面に相応している。タルドの模倣論とライプニツのモナドロジーとを比較するとき想い起こされるのは微小表象 petites perceptions の思想である。微小表象はライプニツの調和説の重要な基礎となっており(12)、彼はまたそれによって美の問題を考えた。そしてバウムガルテンのいわゆる構想力の論理もそこに出発点を有するとすれば、模倣の根柢に構想力の論理を考えることも不可能ではないであろう。我々は知って後に模倣するのでなく、模倣することによって知るのである。我々は見るものを模倣するのでなく、想像するものを模倣するのである。あるいは一層正確に云えば、我々が想像するものに従って見るものを模倣するのである。模倣にとって根本的なものは perception でなくて image である。例えば人間は神の image であるという場合、それは imitation を意味するごとく、imitation と imagination とは密接に関係している。***

* Les lois de l'imitation, p. 85 note.

** Th. Ribot, La psychologie des sentiments, p. 238.〔リボ『感情の心理学』〕

*** A. Petitjean, Imagination et réalisation, p. 124 et suiv.〔プティジャン『想像力と現実化』〕

ところで一方、我々が模倣によって知るのは我々と他と共通のものである。他と共通のもののほか我々は他において模倣し得ない。模倣の関係が存在するためには二人の人間のあいだに共通のものがなければならぬ。彼らがその根柢において或る共通のもの、或る一般的なものに規定されていることによって模倣は可能になる。しかしながら他方、模倣において我々は、同一化に至るまで他のものに従うと見える瞬間にもなお、他と異なる我々を認めているのである、なぜなら我々はただ他の人間もしくは他の物のほか模倣しないのであるから。同質性への運動において異質性が肯定されている。タルドのモナドロジー的社会学は模倣のこの後の方面を明らかにするけれども、前の方面を明らかにし得ないと思われる。各々の独創的な発明的な人間が互いに他を模倣し合うとしても、如何にしてそこから一つの定まった形が生じ得るかは説明されないであろう。各々の人間から模倣線 rayon imitatif が放射され、社会生活はこの模倣線の錯綜した交叉であるとタルドは述べているが、かような交叉から如何にして一つの統一的な形が纏まってくることができるのであろうか。タルドはそれらの模倣線の間の干渉は無数であると云うのみである。* しかるに社会は統一的な形を有するものである。制度は社会の有するかかる形を意味している。かかる形なしには社会は考えられない。制度の根柢に民族精神の統一を考えようとする者があるのもそのためである。フュステル・ドゥ・クゥランジュは古代法について、タルドの見解とは反対に、それらを発明したのは一人の人間でない、ソロン、リュクゥルゴス、ミノス、マヌは彼らの国の法律を成文化したけれども、彼らがそれを作ったのではない、もし立法者のもとに彼の天才の力によって法典を創造し、これを他の人間に課する一人の人間を理解するならば、かかる立法者は古代人の間には決して存在しなかった、と云っている。[**] 模倣の条件は共感即ちパトスを共にすることである。かかる共感が可能であるためには個人の根柢に或るパトス的にして一般的なものが存在しなければならぬ。民族というがごときものはかかるものである。しかし単にパトス的なもの、ディオニュソス的なものを基礎にしては個人の独立性は考えられない。無数の独立な個人と民族というがごとき一般的なものとの結合は知的にして同時に感情的な構想力の論理に基づいて考えられねばならぬであろう。先に記したごとく、「自然は多様化しそして模倣する」とパスカルは云った。そして彼はまた「一切は一である、一切は多である」「Tout est un, tout est divers. と書いている。[***] パスカルも考えたごとく自然も模倣の論理に従っているとすれば、かような論理は一即多、多即一という論理でなければならぬであろう。この論理の発展において民族も世界も考えられねばならない。

＊　Les lois sociales, p. 81.

＊＊　La cité antique, p. 220.

＊＊＊　Pensées, 116.

四

すべての制度的なものは慣習的なものである。しかしそれだけでは制度の規定としては不十分であることを免れない。初めに述べたごとく、制度は第三にノモス的な即ち法的な、規範的な性質を具えており、これがむしろ制度の本質的な規定であると云われるであろう。否、慣習そのものがすでに制度の一つであり、ジッテ Sitte ——それから sittlich(道徳的)という語は出てくる——の意味において或る規範の、命令の性格を担っている。イェーリングは Gewohnheit(それは個人的な習慣の意味にも社会的な慣習の意味にも用いられる)の概念と Sitte(習俗)の概念とを区別して、前者は純粋に外的なものをいい、規範の契機を含まぬに反し、後者は規範的なもの、義務的なものであると云っている。* けれどもこの区別は概念上のことであるに過ぎない。もしも Gewohnheit そのものにすでに法的なところ、規範的なところが存しないならば、かの Gewohnheitsrecht(慣習法)というものも考えられないであろう。プフタ(Puchta) は、Gewohnheit は個人としての個人の行動の仕方に、Sitte は民族の一員としての個人のそれに関するとして両者を区別した(13)。この区別はむしろ我々が上に述べた習慣 habit と慣習 custom との概念上の区別に当たっている。しかもその際我々も注意しておいたことであるが、アーノルトはこれに対し、プフタの区別は部分的に正しいに過ぎず、個人はつねに民族の一員であって、彼らのすべての行為において民族の性向並びに行動の仕方に従属し、彼らの最も瑣末な習慣ですらそれから離して考えられ得ない、と論じている。慣習法 Gewohnheitsrecht とは Recht der Sitte のことであるとせられるのである。** 習慣ないし慣習も習俗の、即ち規範の意味を含んでいる。アーノルトの云うごとく、習俗は類概念であり、慣習法はその種であると見ることもできるであろう。我々に依れば、それらはすべてノモス的なものであり、制度的なものである。純粋に外的なものは習慣を有しない、生命あるもの、即ち内と外というがごとき構造聯関を自己のうちに含むものにして初めて習慣を作り得る。もっとも概念上においては、イェーリングらに従って、習慣は純粋に外的なもの、習俗は或る内的なものとして区別することも不可能ではない。しかるにこの場合、習俗が内的なものであるということは規範の、命令の性格を担うということであり、そのことは、やがて論ずるごとく、超越の意味を有するということであり、習慣はこれに反して内在的な概念であるということに注意しなければならぬ。即ち外的なものと云われる習慣がかえって内在的なものであり、内的なものと見られる習俗は超越の意味においてむしろ外的なものであると考えられねばならない。かかる超越においてその規範的な性質が形作られるのである。

* Rudolf v. Jhering, Der Zweck im Recht, Zweiter Band, S. 17ff.〔イェーリング『法における目的』第二巻〕

** Wilhelm Arnold, Kultur und Rechtsleben, 1865, S. 359ff.〔ヴィルヘルム・アルノルト『文化と法生活』〕

すべての制度的なものはノモス的なものである。しかるに法律を意味する *νόμος* という語はまた慣習(Brauch, Herkommen, Sitte)の意味を有した。ノモスはテミス *θέμις* に、更にディケー *δίκη* に関係附けて考えられるのがつねである。* テミスはもと神話的人物であったが、慣習を、また裁判ないし法律を意味した。テミスは社会(元来氏族的な)が、しかも単なる組織としての社会でなく、力としてのあるいはいわば精神としての社会が要求する儀礼もしくは慣習に関わっている。テミスは、これを礼拝する者の眼には、全社会の秩序が乱されないように、出来上がった慣例や慣習に合致して行動するために為すべきこともしくは為すにふさわしいことを吹き込むという意味において正義を現すものと見られた。ディケーももと神話的存在であったが、これも初め慣習を、また裁判あるいは判決を意味した。しかしディケーとテミスとを比較するならば、テミスも裁判の意味を有しはしたけれども、かような法律的生活の発展によって力を得たのはむしろディケーである。ディケーは何よりも財産の衡平な、厳正な分配に関わっていた。それは道徳性 moralité よりも適法性 légalité を現している。礼拝においてテミスが重要な位置を占めたのは個人が社会的強制と直接的な感情的な接触を有した間であり、ディケーはこれに反し古い氏族の崩壊と昔の礼拝の衰頽とに応じてその実在性とその役割とを認められたのであって、極めて僅かしか祭祀的痕跡を止めていない。氏族的社会の崩壊の結果、テミスは一層一般的な且つ道徳的な性格を取り、一方昔の形で存続した神話的人物は善い忠告の女神を現し、もはや甚だ不完全にしか正義の新しい観念に相応することなく、このものはむしろディケーの観念において発展させられたのである。ところでノモスは初め人間のあいだにおける財産の分配の、後には世界のうちにおける物の配分の観念であったが、それは一方 *βia*

即ち暴力に依る財産の占有に対立すると共に他方 *φύσις* 即ち自己自身に依って存在するもの、人間に依って欲求されたのでないものに対立した。しかしやがて、テスモイ *θεσμοί*(社会的慣習、特に農業における慣習を意味した)とノモイとが結び附くに従って、社会的組織も自然的なものと見られ、他方自然も法則によって秩序附けられているものと考えられるに至った。[14] プュシスとノモスとの対立は既にヘラクレイトスにおいても現れている有名な問題であって、その対立のうちにかの自然法の概念の発展の一つの契機を捉えることができる。** しかしながら両者は単に分離的対立的に見らるべきものでなく、むしろテスモイとノモイとの結合から考えられるように、自然も或る習慣的なものであり、習慣も或る自然的なものである。プュシスもノモス的であり、ノモスもプュシス的である、と云うことができる。かくのごとく自然と歴史とが一つであるところから構想力の問題が考えられるのである。

* Voir Pierre Guérin, L'idée de justice dans la conception de l'univers chez les premiers philosophes grecs. 1934.〔ピエール・ゲラン『最初のギリシア哲学者たちのあいだでの宇宙の概念における正義の理念』〕また特に法律に関しては、例えば Maine, Ancient law, ch. I.〔ヘンリー・サムナー・メーン『古代の法律』〕を見よ。

＊＊ Vgl. Johann Sauter, Die philosophischen Grundlagen des Naturrechts, 1932, S. 6.〔ヨハン・ザウター『自然法の哲学的基礎』〕

法律学者の間には慣習の法性享受について種々の学説が存在している。我々は今かような法律学上の問題に立ち入ろうとは思わない＊。我々にとって特に慣習法が、特に法律が問題であるのではないからである。我々は慣習の成立と法性享受とは或る意味において同時であると考える。言い換えると、元来慣習の法性享受の問題があるのでなく、法の慣習的形式の問題があるに止まっている。慣習はもともと法的なものである。あるいは少なくとも、我々がここに分析しつつある意味における制度は、慣習的であるということを一つの契機として含むのであるが、他方同時に法的であるということを一つの本質的な性格として有するのである。この場合、法というのは、いわゆる法律のことでなく、かえってあらゆる制度的なものに具わる規範の、命令の意味を指していうのである。従って我々は法律における慣習法の位置について歴史法学派の意見に必ずしも同意するものではない。また慣習が直ちに慣習法であるとは考えられないであろう。慣習と法律との間には習俗 Sitte と道徳 Sittlichkeit との間におけるがごとき区別と関係とが考えられねばならぬであろう。しかし他方如何なる法律も制度の意味を有している。そして法律のみでなく、あらゆる制度的なものはノモスの意味を有している。芸術のごときですら制度と見られることができる。例えば芸術における古典とは何であるか。古典とは我々の趣味にとって基準となり、我々の制作にとって模範となるものである、言い換えると、それはノモス的なものである。かかるものとして古典は明らかに価値高き作品でなければならぬ。しかもそれの有する価値が伝統的に、従って慣習的に定まっているということが古典の一つの特徴である。古典が古典といわれる価値は我々が一々批評した上で初めて定めたものではない。かえって我々は古典に拠って我々の趣味を教育し、その基準を定めるのである。我々はもとより、専門的な文学史家ですら、古典として伝わるすべての作品を一つ一つ自分で吟味した後それらを古典として認めたわけでない。古典は信用を基としている。古典とは或る伝統的なもの、神話的なものである。それはヴァレリイの語を用いれば一つのフィクションである。(15) 単に価値があるというのみでなく、何らか神話的なところがなければ、古典として通用しない。もちろんそれは単なるミュトスでなく、どこまでも批判に堪え得るような価値を有するものでなければならず、その意味においてロゴス的なものである。しかしそのロゴスは同時にミュトス的性質を有し、また慣習を基礎としている。かくて要するに古典とはノモス的なものである。ノモスとは単にロゴス的なものでなく、ロゴス的にして同時にミュトス的なものである。** 附け加えて云うと、普通に神話と考えられるものは我々の規定に依ればむしろ制度的なものであり、本来の意味における神話は生成と創造との根源としての神話でなければならぬと云うこともできるであろう。伝統的な神話は何らか道徳的に、法律的に、等、後から合理化されることによって、即ち何らかの程度においてロゴス的性質を加えることによって、制度的なもの、ノモス的なものに転化されている。ヴァレリイは擬制 fiction に依って秩序が可能になると見た。実にその通りである。しかし秩序の基礎となる擬制は単なる擬制でなく、ノモス的なものでなければならぬであろう。古典は文学の世界に或る秩序を建てる、しかも各人が自己の判断によって価値を量った後に初めて古典が定まるものであるとしたならば、文学の世界は絶えず無秩序に止まらねばならぬであろう。古典とは擬制であり、慣習であり、ノモスである。ノモスはあらゆる歴史的なものが有する一つの根本的な存在の仕方を示している。そしてノモスは単なるロゴスに基づくのでなく、ロゴス的にしてパトス的な構想力に基づくのである。歴史の根柢に構想力が認められる。もとより我々は歴史的なものがすべてつねに制度的なものであると考えるのではない。芸術の場合はもちろん、道徳などの場合においても、ベルグソンの云うごとく、習慣的なあるいは義務的な道徳のほかに創造的な道徳がある(16)。しかしながら我々はそこに単に道徳の「二つの源泉」を考えることに満足せず、それらは構想力においてもと一つのものであると考えるのである。道徳も歴史的なものであり、あらゆる歴史的なものの根柢には構想力の論理が働いている。このことを我々はいま制度について、特にそのノモス的性質に関して明らかにしなければならぬ。

* 穂積陳重著『慣習と法律』、昭和四年刊、第五章、参照。
** 拙稿「古典に於ける歴史と批評」(『文学』昭和十二年四月号)〔全集第十一巻収録〕参照。

五

すべての制度的なものに具わる規範ないし命令の性質は如何なるものであり、また如何にして生ずるのであるか。まず制度に与えられた一二の定義を調べてみよう。例えば、パークとバージェスは書いている、*「制度は、サムナー(Sumner)に依れば、概念 concept と構造 structure とから成っている。概念は制度の目的、関心、もしくは機能を規定する。構造は制度の観念を形体化し、観念がそれを通じて活動させられる手段を供給する。個人的なものであれ集団的なものであれ、目的がそれによって構造のうちに形体化される過程は連続的なものである。しかしかようにして形作られた構造は物理的なものでない、少なくとも全部はそうでない。サムナーがその語を使っている意味における構造は、彼の云うごとく、独自の範疇に属している。『それはそのうちにおいて慣習が連続性、斉合性及び持久性を作り出す範疇である、かくして《構造》という語は、本来、機能がそれと永続的に結合されている関係及び成定された位置の結構に適用され得るであろう。[17]』共同社会の各員は慣習や輿論がそれによって作られる過程に分与するのと同じように、彼はまた構造即ち『慣習の菓子パン』cake of custom の創造に分与する、このものを我々は、それが一定の社会的機能を形体化している場合、制度と呼ぶのである」。少し違った立場からクーリイは云っている、**「制度とは単に公の心の一定の成定した様相であって、その究極の性質において輿論と異なるものではない、たといしばしば、その永続性とそれがそのうちに包まれている眼に見える慣習や象徴のために、何か別の独立な存在を有するかのように見えるにしても。かくて政治的国家と教会、その尊敬すべき部分社会、その大きな且つ古い勢力、その文学、建造物や事務所は、デモクラティックな人にとってさえ、それらがもちろん実際にそうである通り、人間の発明の単なる産物とはほとんど見えないのである。偉大な諸制度は、人間の思想が幾年も幾年も特定のものに向けられる場合、人間の思想が自然に身に負い、かくて漸次に一定の形式——持続的な感情、信仰、慣習及び象徴——に結晶するところの組織の結果である。人間の注意を捉える何か深いそして恒久的な関心が存在する場合、かようなことが生ずる。言語、統治組織、教会、財産並びに家族の法律と慣習、産業や教育の組織は制度である、なぜならそれらは人間の本性の永久的な要求の生産物であるから」。

* R. E. Park and E. W. Burgess, Introduction to the science of sociology, 1921, pp. 796–97.〔ロバート・エズラ・パーク、アーネスト・ワトソン・バージェス『社会学入門』〕

** C. H. Cooley, Social organization, 1909, pp. 313–14.〔チャールズ・ホートン・クーリー『社会組織論』〕

かくて制度の第一の要素はサムナーのいう「概念」である。制度がかかるものを含むことは一般に認められるところであって、イェーリングが法律における「目的」

Zweckというものもそれに該当するであろう。それはおしなべてイデーと称し得るものである。制度が規範の性格を有するのはかかるイデーに基づくと考えられる。イデーはこの場合規範的な、従って価値的なものであるところからイデアール(理想)とも呼ばれている。しかるにまず注意すべきことは、かように規範といい、価値といい、理想といっても、それは新カント学派において考えられるような当為Sollenではないということである。当為は実在から峻別される。しかるに制度は実在的なものである。制度の「概念」はサムナーの語を借りれば「構造」のうちに形体化されたものである。価値は当為であるよりも、デュルケーム派の学者の云うごとく「物」であり、実在でなければならぬであろう。物とは「我々の個人的な自発性に抵抗するもの」である、とシミアン(Fr. Simiand)は定義している。(18)言い換えると、物とは我々の個人的な自発性に対して限界と定位とを押し付けるもののことである。そしてブーグレは、価値も同じく我々に対して拘束的な、命令的な性質を有する点から考えて、価値は物もしくは実在と同じに見られねばならぬ、と主張している。*物質的であろうと観念的であろうと、我々の瞬間的な印象から独立なもの、我々の自発性に抵抗するもの、我々自身の好悪に優越するものは、実在と考えられるのであり、価値も同様の性質によって実在と云い得るとせられるのである。即ち普通には、価値が命令的な性質を有するところから価値と実在とは区別されねばならぬと考えられるのとは逆に、ブーグレにあっては、価値はまさに命令的な性質を有する故に実在もしくは物と同じに見られねばならぬ——なぜなら物とは我々の自発性に抵抗して自己の要求を我々に課するものに他ならないから——と考えられるのである。ブーグレに依れば、価値が客観的であるのは命令的である故であり、しかるに命令的であるのは集合的である故である。価値は集合意識 conscience collective から出て来るものである故に、社会の産物である故に、拘束的な威光を、固有の権威を纏うている。価値の有するかかる性格は物の性質からも個人の能力からも説明されない。価値は集団生活からの流出者である故に個人生活にとって法則である。そして社会はかように本質的に理想の創造者であるとデュルケームは考えた。彼は宗教的生活の原始形態に関する研究の結論として、宗教における儀礼 culte の重要性を指摘し、またほとんどすべての偉大な社会的制度は宗教から生まれたと述べ、更に理想もしくは観念的なもの idéal は社会生活の自然的な産物であると論じている。社会が自己について意識をもち、必要な強度において、それが自己自身について有する感情をあたためる為めには、社会は自己を集中しなければばならぬ。この集中は道徳的生活の昂揚を決定し、このものは理想的観念の全体によって飜訳され、そこにはかくして目覚めた新しい生活が表現される。「社会は同時に理想を創造することなしには自己を創造し得ず、自己を再生せしめ得もしない」、とデュルケームは書いている。** 観念的社会は現実的社会の外部にあるのでなく、その部分をなしている。社会は単にそれを組成する個人の塊によって、彼らが占拠する土地によって、彼らが使用する物によって、彼らが遂行する運動によって構成されているのでなく、かえって何よりも社会が自分で作るイデーによって構成されているのである。理想は何らか個人に生具する力に基づくのでなく、むしろ個人は集団生活の学校において理想を形成することを学んだのである。彼が理想を抱くことができるようになったのは社会によって作り出された理想を自分に同化することにおいてである。もし彼が理想形成の能力を獲得しなかったならば、彼は社会的存在でないであろう、言い換えると人間でないであろう、とデュルケームは云っている。(19)

* Voir C. Bouglé, Leçons de sociologie sur l'évolution des valeurs, 1922.〔セレスタン・ブーグレ『価値の進化に関する社会学講義』〕

** Émile Durkheim, Les formes élémentaires de la vie religieuse, p. 603.〔エミール・デュ

右のデュルケーム一派の説は新カント学派の抽象的な価値論、当為の思想に対して確かに注目すべき洞察を含んでいる。しかしそれをそのまま受け取るにしてはなお種々の困難が存在するであろう。ブーグレはまず価値の実在性をその拘束性から説明する。即ち彼は、物とは我々の個人的な自発性に抵抗するものであるというシミアンの定義を援用して、その点において価値は物と同じであると考える。[20] しかるにこの見解は外界の実在性を意志に対する抵抗として説明するディルタイの思想に類似し、すでに述べたごとく、実在を主観的なものにしてしまう危険がある。物はもとより価値といえども単に主観的なものではないであろう。物がそのものとして認められることを我々に要求し、我々をそのように拘束するのは、物の「対象」としての性質に基づいている。「対象とは要求するものである」Der Gegenstand ist das Fordernde. とリップスも云っている。* 対象の要求は判断作用によって承認されるのであり、対象性は論理性にほかならぬ。かような論理性ないし観念性はすでに物における価値の契機を形作り、従ってブーグレとは逆に、物の有する拘束性はいわばその物的性質でなく、かえって価値に属すると見る説も成り立ち得る。もちろんリップスのいわゆる「対象の要求」Gegenstandsforderungと価値の規範的なあるいは命令的な性質とは直ちに同視し得ないであろう。価値は単に客観的なものではない、物の客観性に対して価値の主観性が挙げられるのがつねである。しかしまた価値は単に主観的なものでなく、客観的なものでなければならぬ。さもないとそれが拘束性を有することも不可能であろう。しかも価値は物において実現されることによって客観的になるというのみでなく、それ自身何らか客観性を有するのでなければならぬ。価値の客観性は純粋なロゴス――それを「純粋意志」といい「純粋感情」というにしてもロゴス的なものを意味することにおいて変わりはない――を基礎とせねばならぬのであろうか。ブーグレは次に、価値が客観的であるのは命令的である故であり、命令的であるのは集合的である故である、と論じている。この見解は確かに或る真理を含んでいる。しかしながら、価値の命令的な性質はかくのごとく価値が集合意識から流出したものであるということに懸かるとしても、集合意識はその場合ロゴス的である限りにおいて価値の命令的な性質の根拠となるのであるかどうかということが問題でなければならぬであろう。すでに物の拘束性でさえ物における論理性ないし観念性に基づくとすれば、制度が命令的な性質を有するためには、いま特に制度について考える場合、制度は或るイデー的なものを含まねばならぬように思われる。このものは制度の客観的な意味を形作り、かかる意味を含むことによって制度はいわゆる「客観的精神」Objektiver Geist に属すると見做される。従って制度が成立するためには何よりもまずディルタイのいう「対象的把握」Gegenständliches Auffassen (21) がその根柢になければならぬと考えられるであろう。対象的把捉といわれる作用に特徴的なことは、この作用においてはただ対象及び対象の関係のみが捉えられ、心理的機能の如何なる体験もそのうちには現在的でないということである。そのとき我々は「全く対象のうちに生き」、対象的世界は自己自身において完全な自足性を有する結構として我々に対する。かようなものとして対象的把捉は我々における「理論的転向」Thoretische Wendung とも呼ばれる。フライエルはそれを「客観的転向」Objektive Wendung と称し、客観的精神の成立過程における第一の客観化と見ている。「それは客観的精神の本来の誕生である。それは心理的な人間生成の作用における最も内面的な出来事である」、と彼は書いている。** ところで客観的精神が完成するためには、かような客観的転向において見出された客観的なあるいはロゴス的な意味が更に物質的な形体のうちにおいて客観化されること——フライエルに依れば第三の客観化——が必要である。サムナーの云うごとく概念は構造のうちに形体化されねばならぬ。そして制度といわれる客観的精神においては、パークとバージェスの説明するように、概念がそれによって構造のうちに形体化される過程は連続的なものである、構造というのは「慣習の菓子パン」である。しかるにその場合避けねばならぬ誤解は、概念と構造とを抽象的に分離し、慣習的であるのは構造のみであって、概念はそうでないかのように考えるということである。実に概念もまたそこでは慣習的であるのである。人間精神における客観的把捉の能力でさえもが習慣に影響されるということは、メーヌ・ドゥ・ビランの勝れた研究(Maine de Biran, Influence de l'habitude sur la faculté de penser.〔メーヌ・ド・ビラン『思惟の機能に対する習慣の影響』〕)以来、特にフランスの哲学において明らかにされたことである。人間の精神的活動そのものが慣習的になるのでなければ、制度というものは出来ないであろう。ロゴス的なもののうちに或る自然的なもの、パトス的なものが流れ込むということがなければ、制度は生じないであろう。純粋なロゴスは制度の基礎であり得ない。しかも制度は単に概念的な存在であるのでなく、眼に見える物質のうちに形体化されたものである限りそれはまた感覚的な存在である。従ってそのとき記憶は感覚と結合し、かくてベルグソンの云った、「我々が物を見る場合我々が我々に与えるのは、現実の框の中へ挿入された一種の幻覚である(22)」という言葉は、特別に深い意味を有することになるのである。この種の幻覚なしには制度の通用性も拘束性も生じないとさえ云い得るであろう。ヴァレリイが社会は呪縛の建物であると云うのも、この意味であると考えることができる。もとより制度がただ単にかようなものであるというのではない、それは一面どこまでもイデー的な契機を含むものでなければならぬ。しかしそこに制度と称せられる客観的精神の基礎を純粋にロゴス的なものに求めようとする見解の一つの制限が認められ、それをかえって構想力に求めねばならぬ理由の一つの端緒が見出されるのである。

* Th. Lipps. Leitfaden der Psychologie, Zweite Auflage 1906, S. 14ff.〔テオドール・リップス『心理学入門』第二版〕

** Hans Freyer, Theorie des objektiven Geistes, 1923, S. 20.〔ハンス・フライアー『客観的精神論』〕

なお進んで云えば、制度の精神は一種の神学的精神である。それは単なる伝統の精神でなく、更に権威の精神である。制度の精神は科学的精神ないし批判的精神とは反対のものであり、かくして制度の最も内的な本質はいわゆる「理論的転向」に存するのでなく、制度の拘束性はイデー的な価値に基づくのでないと云われるであろう。「思想家を困惑せしめ得る事物の一つに、非論理的なものが人間にとっては必要であるという認識がある。人間の本性が純粋に論理的なものに変化され得ると信ずることができるのは余りに素樸な人間だけである」、とニーチェは記している。[24] 制度的な行為は、パレトの語を用いれば、「論理的行動」action logique でなく「非論理的行動」action non-logique に属すると云われるであろう。パレトが論理的というのは「論理的・実験的」logico-expérimental という意味であって、何らかの形而上学的原理、何らかの信仰の教説の拘束のもとに行われる行動は論理的とは云われない。論理的・実験的な立場を離れて見れば、ほとんどすべての人間的行動は論理的であると云うこともできる。なぜならひとは自分の行動が合理的な推理の帰結であり且つ自分の活動が自分の目差す目的に合致すると思い做しているのがつねであるから。けれどもこれは現象の主観的な面であって、その客観的な面とは区別することが肝要である。パレトが論理的行動というのは主観的にも客観的にも論理的な行動のことであり、従って客観的な目的と主観的な目的とが同一であるものをいうのである。それ以外はすべて非論理的行動と称せられる。慣習や習俗によって指令された行動は今云った意味における主観的な目的なしに為される行動である故に非論理的である。しかしかくのごとき行動はむしろ稀である、なぜなら人間は自分の行動を説明し理由附けようとする不可抗的な衝動を感じ、かくしてそれは彼にとって遂には一定の理由を有するかのように見えるものであるから。しかるに実際は、その行動の主要な根拠は感情であって、論理的な説明はただ第二次的な根拠であるに過ぎない。パレトに依れば人間の社会的行動において非論理的行動は論理的行動よりも遥かに大きな位置を占めている。非論理的行動は二つの部分に、一、恒常な、そして確かに一層重要な、人間の或る本能と感情とに相応する要素、二、その意図が第一の要素の説明に向けられ、甚だ不定な性質を有する他の要素、に分解される。後者は理性あるいは論理(実はむしろ擬似論理)に対する欲求を満足させるが、かかる説明の欲求は極めて種々なる影響に委ねられており、これに反して第一の基礎的な要素は不変である。第二のものは第一のものから派生されたものであって、パレトは「派生体」dérivation と名附けている。第一のものは変化する現象のうちにおいて恒常なものとして残るものであって、「残基」résidu と称せられる。* 残基は本能及び感情そのものをいうのでなく、むしろそれらに基底附けられたものであって、社会的な行動、表象及び理論の非合理的な核実と考えられるものである。派生体は論理的・実験的な理論に対立し、残基を説明的に仮装しあるいは書き換えあるいは神話化したものである[**]。かくて dérivation と résidu とは「イデオロギー」とその「現実的な」基礎との関係に立っている。ところでパレトに従えば、慣習や習俗による行動は非論理的行動に属し、他方すべて権威的なものは派生体にほかならず、その内実は本能もしくは感情に相応する残基である。制度はとりわけ伝統の、習俗の、慣習の権威に基づき、その拘束性はパトス的な性質のものであると考えられるであろう。かようにパトス的なものを重視するパレトの思想にもとより一面の真理が含まれている。しかしながら我々は制度に関し単なる合理主義に同意し得ないと同様、単なる非合理主義にも賛成し得ない。慣習や習俗による非論理的行動も、客観的に論理的な目的を充足しており、従ってその論理的・実験的な価値においては論理的行動と同一であるということが可能である。この点においてパレトの論理的行動の規定は形式的に過ぎる。また個人的には本能や感情あるいはそれらに相応するものから出ている行動も、歴史的・社会的な見地から見れば、ヘーゲルが「理性の狡智」[25]と云ったごとく、イデー的な目的の実現を結果しているということもあり得るであろう。この点においてパレトの論理的行動の規定は抽象的・個人的である。人間は自己の非論理的行動をも論理的に擬装しようとする不可抗的な衝動を有するごとく、無意識的にもないし自己の直接の動機に反しても論理的に行動する性質を具えている。非論理的行動をさえ論理化せざるを得ないほど合理性に対して強い欲求を感ずる人間が、もし制度は全く非合理的なものであるとすれば、これに権威を認めるということはあり得ないであろう。もとより単に客観的なものは我々を現実的に拘束し得ない。主観に対して拘束力を有するものは何らか主観的なものでなければならない。けれども単に主観的なものももちろん我々を真に拘束し得ない。言い換えると、我々を現実的に拘束するものは単にロゴス的なものでも単にパトス的なものでもなく、ロゴス的にして同時にパトス的なものである。もっとも、パレトに依れば、我々の具体的な行動は綜合的である、即ちそれは論理的行動と非論理的行動という要素の種々なる比例における混合から生ずるものである***。しかるにかような綜合が独立な要素の機械的結合であり得ない限り、それらはもとパトス的にして同時にロゴス的なものにおいて一つであるのでなければならぬ。この場合たとえば弁証法を持ち出すにしても、弁証法とは、まず抽象的に独立な要素があって、しかる後それらを統一することであるべきでない以上、その元にはロゴス的にして同時にパトス的な具体物が予想されるのでなければならぬ。そこに構想力の論理の根源性が考えられるであろう。パレトの非合理主義の最も重大な欠点は、人間の行動を環境における行動として捉えていないということである。もしそれを環境との関係において見るならば、人間の行動は、非論理的行動といわれるものも、後に至って詳論するごとく、環境に対する適応としてつねに合理的なものを含まねばならず、しかしまた人間の行動は抽象的に論理的でもあり得ず、そこに構想力の論理がなければならぬということが根本的に明らかになるであろう。

＊　Vilfredo Pareto, Traité de sociologie générale, Édition française par Pierre Boven, 2 vols, 1917, 1919.〔ヴィルフレド・パレート『一般社会学概論』、ピエール・ボーフェンによるフランス語版〕

＊＊　クラーゲスがニーチェの根本テーマと見た、“Selbsttäuschung〔自己欺瞞〕”はパレトのdérivation〔派生体〕の思想と多くの点において類似している。Vgl. Ludwig Klages, Die psychologischen Errungenschaften Nietzsches, 1926.〔ルートヴィヒ・クラーゲス『ニーチェの心理学的業績』〕

＊＊＊　Pareto, Op. cit. I, p. 66.

六

かようにして制度について考えられる「概念」は、単にロゴス的なものでも単にパトス的なものでもなく、ロゴス的にして同時にパトス的なものである。それは単に主観的なものでも単に客観的なものでもなく、主観的にして同時に客観的なものである。かようなものとしてそれは表現的価値、あるいはむしろ表現的意味と云われるのである。単に客観的なものも、単に主観的なものも、表現的ではない。表現的なものは主観的・客観的なものでなければならぬ。制度はかくのごとき表現的なものに属しているる。それが命令的であるということも、それが表現的であるということに依るのである。単にロゴス的なものも単にパトス的なものも真に命令的ではない、パトス的・ロゴス的なものにして初めて現実的に命令的であることができる。制度が表現的なものとして成立するためには、ジンメルのいう「イデーへの転向」Wendung zur Idee のごときものがなければならぬと考えられるであろう。* しかしもしイデーへの転向が単にかの客観的転向の意味に解せられるならば、それは表現の基礎としていまだ十分でない。表現的なものは単なるイデーへの転向によってでなく、かえって形が出来ることあるいは「形に成ること」Formwerdungによって生まれる。しかるに既に述べたごとく、形は時間と空間とが一つであるところに生まれる。あるいはイデーが習慣的になるところにフォルムは生まれる。従って形は単にロゴス的なものでなく、ロゴス的・パトス的なものである。制度が規範的な性質を有するのも、それがこのように形である故である。タルドは模倣論の中で、模倣の二つの種類として慣習coutumeと流行modeとを区別した。慣習的模倣においては、モデルは自国のもの且つ古いものであるのがつねである。流行的模倣においては反対に、モデルは他国のもの且つ新しいものであるのが普通である。前の場合、「すべて古いものはすべて善い」と考えられるから、時間的であるとすれば、後の場合、他国のものが尊敬され、空間における隔たりが前の場合の時間における隔たりと同様に作用するから、空間的である。しかし別の側から見れば、慣習が圧倒的な時には、ひとは自己の時代よりも自己の国に夢中になる故に、空間的であり、これに反して流行の支配する時には、「すべて新しいものはすべて善い」と思われる故に、時間的である**。即ち慣習も流行も時間的であると共に空間的であり、かかるものとして形を有するものである。ところでイェーリングは社会的命令の四つの種類として流行、習俗、道徳、法律を挙げているが、彼に依れば、流行は規範の性質なき習慣とは異なり、拘束力を有する点においてむしろ習俗と一致している***。しかし彼が習俗を流行と道徳との中間に位させていることから知られるごとく、習俗ないし慣習の拘束力と流行のそれとの間に差異があるとすれば、後者が一層流動的なものとして形のなお十分に熟し定まらぬものであるということに依るであろう。かように形は生成と存在との統一、流動と持続との統一である。それはまたイデーと存在との統一、価値と実在との統一を意味している。イデーがフォルムとなるためには、イデーは物のうちに実現されねばならぬ。表現的なものにおいては意味と実在と、当為と存在とは一つである。形はサムナーのいう概念であるのでなく、また構造であるのでもなく、かえって概念と構造とが一つであるところに形が生ずる。概念は構造のうちに形体化されることによって物質となるのではない。表現において価値は単なる実在に化するのではない。元来、概念と構造とが一つであるところに形が生ずるとすれば、構造はサムナーの云うごとく独自の範疇であって、単に物理的なものであるのではない。かくして制度はヴァレリイの語を借りればフィクションであり、或る「他の世界」を形作っている。制度がノモス的であるのは、それが実在であることに依るよりもそれがフィクションであることに依るのである。制度の拘束性は、たとい逆説的に響くにしても、構想力に属すると云い得るであろう。「社会は蛮性から秩序にまで高まる。かくて、野蛮が事実の時代であるように、秩序の時代は擬制の国であることが必要である、――なぜなら秩序を単に物体による物体の強制の上にのみ建てることのできる能力は存在しないから。そこには擬制的な力がなければならぬ」、「それ故に秩序は現在しない物の現在の作用を要求する、そして理想による本能の均衡から結果する」、とヴァレリイは書いている。(26) パトス的なものはむしろ事実的なものである。事実は事実を必然的に強制するにしても、命令的に拘束することはできない。制度は擬制的な力であり、かかるものとしてかえってノモス的なもの、即ち法的にして秩序を建てるものであると考えられる。かようなフィクションは本能もしくはパトスのいわゆる残基からは説明され得ず、かえって知性的なものであるが、しかし単にロゴス的なものでなくて同時にパトス的なものであり、フィクションの根柢には構想力がなければならぬ。非合理主義は制度の擬制的な性質を看過し、これを絶対化するものである。擬制の論理、そして形の論理は構想力の論理である。

＊　Vgl. Georg Simmel, Lebensanschauung, 1918.〔ゲオルク・ジンメル『生の直観』〕
＊＊　G. Tarde, Les lois de l'imitation, p. 265 et suiv.〔タルド『模倣の法則』〕
＊＊＊　Jhering, Op. cit., II, S. 180ff.〔イェーリング前掲書〕

ところで制度は或る「他の世界」として成立し、生に対して超越的である。しかしクーリイ(27)などの強調しているように、それはどこまでも人間の形成したものであり、かくしてこの超越は生の自己超越でなければならぬ。ジンメルはイデーへの転向において生の超越を考えている。けれども注意を要することは、この場合イデーへの転向は単なる客観的転向のごときものであり得ず、かえって形に成るということでなければならぬということである。即ち超越的であるのはロゴスのみでなく、パトスもまた超越的なものであり、あるいはむしろパトス的・ロゴス的なものが、主観的・客観的なものがいわば全体として超越的であるのでなければならぬ。一般に表現が、特殊的には制度が命令的な性質を有するということは根本においてかくのごとき超越に基づいている。しかるにその意味における超越は外への超越と内への超越とが一つであるところに考えられる。外への超越が同時に内への超越であるのでなければ、生の自己超越ということも十分な意味において語られ得ないであろう。内への超越において我々はまさに主体となるのであり、それと共に客体はまさにその客観性即ち超越性においてて我々に対するのである。外への超越があるためには同時に内への超越がなければならぬ。外へ超越することと内へ超越することとは一つである。イデーへの転向の思想によって内在論を破ったように見えるジンメルも、内への超越の意味を、正確に云えば、外への超越即内への超越、内への超越即外への超越の意味を明らかにすることなく、生の哲学に固有な内在論の立場をなお完全に脱却していないと云われるであろう。かくてまた超越は単にイデーに関することでなく、形に、構想力に関することでなければならぬ。

すべて制度的なものは慣習的なもの、伝統的なもの、過去からのものである。しかしながら制度は過去から命令するのでなく、むしろ未来から命令するのである。命令は、本来、未来からのものであって、過去からの命令は存しないとも云い得るであろう。ジャッドに依れば、制度とは「期待」expectation を有するものである。*期待は団体生活の産物であると同時に個人の内部における最も有力な事実である。ひとたび社会的な期待が創造されると、それは個人の行為に対する案内者となる。期待を履行しないことは肉体的苦痛と同様に切なる苦痛を与える。この意味において期待は団体のすべての成員の側における尊敬を要求することのできる実在の新しい形式である。そして期待は習慣の意識的な対の物である、とジャッドは考える。習俗は個人のうちに社会的な期待としてと共に彼個人の行為の習慣として記録されている。また法律は個人の習慣が集団の諸成員の期待に従って発達させらるべきことの顕わな要求である。しかし習慣も単に個人的なものでなくて期待と同じく社会的なものであるとすれば、習慣が過去から命令するに対して期待は未来から命令すると見られ得るであろう。かくて制度は習慣と期待として、過去に属すると共に未来に属している。それは元来過去と未来とが現在と同時存在的であると考えられる「現在」においてあるのである。かかる「現在」においてあるものとして制度は超越的であり且つ命令的であるのである。期待は行為に対する案内者となり、行為の予見を可能にする。「予見と伝統との名のもとに、空想的なパースペクティヴ perspectives imaginaires であるところの未来と過去とは、現在を支配し且つ拘束する」、とヴァレリイも云っている(28)。現在を支配し且つ拘束する未来と過去とは現在と同時存在的に「現在」においてあるのでなければならぬ。伝統と云われる制度もかかる「現在」においてあるのである。もとよりそれは永遠なものでなく、かえって歴史的なものである。しかもティ・エス・エリオットは正当にも云っている、「永遠なものの感覚であると同様に時間的なものの感覚であるところの、永遠なものの感覚であると共に時間的なものの感覚であるところの歴史的感覚が作家を伝統的ならしめるものである。そしてそれは同時に作家をして時間における彼の位置、彼の同時代性を最も鋭く意識せしめるものである」**。真の超越は超越であると共に内在である。制度は超越的であるが、単に超越的であるのでなく、同時に内在的である。かかるものにして真に命令的な拘束力を有する。ドイツ語のSitteも、ラテン語のconsuetudoも、ギリシア語のἔθοςあるいはἦθοςも、語原的にはみな「自分のものにする」Zu-eigen-machenという意味を含んでいる。習慣的になることによって内在的になるのでなければ、制度は制度として妥当しないであろう。ノモスとは元来超越的にして同時に内在的なものをいうのでなければならぬ。ジャッドのいう期待はその超越の面を、習慣はその内在の面を現していると考えることもできる。

*　Judd, The psychology of social institutions, p. 59ff.〔ジャッド『社会制度の心理学』〕

**　T. S. Eliot, The sacred wood, p. 49.〔トーマス・スターンズ・エリオット『聖なる森』〕

しかし右の考察はなお形式的に止まっている。制度の本質を具体的に理解するためには、それを人間の行動と環境との関係——その際おのずから社会と個人との関係が問題になってくる——から理解することが必要である。それによって我々はブーグレやデュルケームの社会学的価値論、フライエルの客観的精神論、パレトの派生体の理論等に対する更に根本的な批判の立場を見出すことができ、そしてそこにおいて制度と構想力との間の深い聯関が明らかにされ、右の考察の上にも新たな光が投ぜられるであろう。

七

制度はすべて構造を有する。そこで制度は普通に組織と言い換えられている。構造を有する点において制度は習俗と区別されるのがつねである。いま制度のかような性質を簡単に制度の構造性と称するならば、それは如何なるものであり、如何にして生ずるであろうか。

まず制度の構造性は或る合理性に基づいている。一つの機械の有する構造はその合理性を現すように、一つの制度の有する構造もその合理性を現している。構造は制度のメカニズムにほかならない。そこでまたサムナーに従って制度は概念と構造とから成ると云うにしても、その概念は固定したものを意味するのでなく、パークとバージェスとの説明したごとく社会的機能 social function を意味するのでなければならぬ。構造が或る一定の社会的機能を形体化している場合制度と呼ばれるのである。制度の含むイデーは固定的なものでなくて機能的なもの、単に静的なものでなくて動的なものでなければならぬ。ジンメルのいわゆるイデーへの転向の思想はイデーのかかる動的な、機能的な性質を強調していない憾《うら》みがある。しかるに第二に、構造のかくのごとき合理性は、制度が根本において人間の行動の環境に対する適応であるところから必然的に要求されるものである。あらゆる人間的行動は環境における行動であり、制度も環境との関係を離れては考えられない。制度は決して単に固定的なものでなく、人間の行動の環境に対する作業的適応 working adaptation である。かかるものとして制度は合理的な性質を有しなければならぬ。なぜなら非合理的なものは環境に対する関係において存続し得ないから。しかし他方制度は人間の行動でなく、かえって人間の行動に対する一つの環境の意味を有している。制度は人間の作るものでありながら環境として人間に対立する。このことは制度がまさに構造を有するということに、そしてこの構造が物質性を有するということに関係している。制度は心のうちにあるものでなく、物質的な環境を形成することによって作られる。制度の構造性は一つの意味においてその物質性である。制度において概念と構造とが区別されるというのもこれに依るのである。しかるに第三に、すべて生命あるものにおいて精神と身体とを抽象的に分離し得ないように、制度においても概念と構造とを抽象的に分離することができぬ。構造は単なる物質でなく、むしろ身体の意味を有している。制度は精神的・身体的なものあるいは主観的・客観的なものであり、かかるものとして独立なものである。制度はそれ自身の生命を有する、それは自律的なものであるとさえ云うことができる。かくて制度の構造性は単に環境に対する適応を現すのみでなく、また自己自身に対する適応を現している。自己自身に対する適応は自己が自己を模倣することによって与えられ、従って反覆を意味する。かような反覆は制度の自然性——自然は反覆する——もしくは身体性を意味することになるであろう。しかも制度は単に身体的な存在であるのでなく、その概念もまた反覆的であるのである。イデーは動的なものでなければならぬと云ったが、それは同時に反覆的な、固定的なものでなければならぬ。かくして構造はまさに形を意味することになるのである。形とは単に静的なものでなく、静的にして同時に動的なもの、動的にして同時に静的なものが真の形である。生命あるものが形あるものであるというのはこの意味である。

右の三つの規定は更に精密に展開され、その間の聯関の明瞭にされることが必要である。サムナーは習俗と制度との差異を後者が構造を有する点に、そして後者が合理的な性格を有する点に認めた。「習俗には生来感情と信仰との要素が具わっている。法律及び制度は合理的な、実際的な性格を有し、一層機械的で、功利的である。大きな差異は、制度及び法律が実定的な性格を有するに反して、習俗は定式化されず限定されていないということである。民俗のうちには含蓄された哲学がある、それが顕現的にされる場合、それは技術的哲学となる。客観的に見れば、習俗は現存の生活条件のもとにおいて現実的に安寧に資する慣習である。法律及び制度のもとにおける行動は意識的で有意的である。民俗のもとにおいてはそれはつねに無意識的で無意的であり、従ってそれは自然的必然性の性格を有している」。* この個所でサムナーは「習俗」mores という語と「民俗」folkways という語とを同じ意味に使っているが、他の個所ではまた二つの概念を区別している。** 民俗は集団のうちにおける人間の関心がそれによって満足させられる最も広汎な、最も基本的な作用である。集団のうちにおける人間は生活条件のもとにある、彼らは生活条件の一定の状態のもとにおいて類似的な欲求を有している、条件に対する欲求の関係は、飢餓、愛、虚栄及び恐怖の項目のもとにおける関心である、関心を満足させようとする多数人の同時の努力は、一様性、反覆及び広範囲の同時生起によって民俗という大量現象を作り出す。民俗は、それが目的によく適合しているか否かに応じて、快もしくは苦に伴われる。苦痛は行動と安寧との間の或る関係についての反省と考察とを強いる。この点において通俗の或る世間哲学は説明と推論とを暗示する。この哲学を担うことによって民俗はモーレス（習俗）になるのである。かくて民俗は習俗に発展し、次にそれは規則、定められた行動並びに使用さるべき機関について一層限定された、明確なものになされる。そこに構造が作り出され、習俗は制度となるのである。かようにして種々なる制度は民俗に始まり、慣習となり、「或る安寧の哲学」some philosophy of welfare(29)が附け加わることによって習俗に発展し、更に構造が具わることによって制度として完成するに至ったのである。もっとも、かくのごとく民俗及び習俗から高昇した制度 crescive institutions のほかに、制定された制度 enacted institutions というものがある。このものは合理的な発明と意図との産物である。しかしながら強力な制度であって純粋に制定されたものはほとんど存しない。銀行は高度の文明において初めて出来たもののように見えるけれども、実際は極めて古い時代にまで溯って跡づけられ得る慣行を基礎とし、その合理化と組織化とによって作られた制度である。「すべての制度は、たといそのうちにおける合理的要素が或る場合には甚だ大きいためにその習俗のうちにおける起原が歴史的調査によってのほか確かめられないにしても、習俗から出てきたものである。(30)」財産、婚姻及び宗教は現在もなおほとんど全く習俗のうちに止まっている。かくて制度はサムナーの云うごとく習俗から出てくるのみでなく、制度のうちにはつねに習俗の要素が含まれている、即ちすべての制度は慣習的なものである。純粋に制定された制度というものはほとんどなく、かようなものがあるにしても、それは慣習的になることによって初めて固有な意味における制度となるのである。何物もないところから、或る目的のために、制度を発明し創造することは困難であるのみでなく、そのような場合においても習俗がその考案を奪い取り、それから発明者の企画したものとは違った或る物を作り出すのがつねである。習俗から制度への発展は合理性における発展である。しかしながら制度のロゴス的な性質は慣習のパトス的な性質を離れて考えることができぬ。この点は、制度の構造性を論ずるに当たっても決して忘れてはならないことである。最も合理的な制度のうちにも何らかの習俗の要素、従って習俗に生来具わるといわれる「感情と信仰との要素」(サムナー)が含まれるとすれば、このパトス的な要素とかのロゴス的な要素とは如何に結び附くのであろうか。制度に本質的な構造性そのものが元来パトス的にしてロゴス的な構想力から考えられ得るものである。制度の構造性に関して右に挙げた三つの規定も構想力の論理のうちにそれらを結び附ける統一的な根拠を求めねばならぬ。しかもその際特に重要なのは、人間の行動を環境における行動として捉えるということである。制度の合理性も人間の行動の環境に対する関係から必然的に要求されてくるのであるが、この合理性は単なる合理性でなくて構想力に関わるものである。行動と環境との関係において構想力の論理といわれるものは如何に見出されるであろうか。

＊　W. G. Sumner, Folkways, 1906, p. 56.〔ウィリアム・グラハム・サムナー『習俗論』〕

＊＊　Op. cit., pp. 33–34, 54.

八

ここに再び習慣の概念に立ち戻って我々の考察を新たに出立しよう。習慣は呼吸や消化のごとき生理的機能に比することができる。もとより後者は無意的であるに反して、前者は獲得されたものである。しかし習慣は多くの点において、就中《なかんずく》有機体と環境との協働を必要とする点において生理的機能と類似している。呼吸は肺臓に関することであると同様に空気に関することである、消化は胃の腑に関することであると同様に食物に関することである。普通に行為がその人からそれの直接に出てきた人間に帰せられるということも勿論理由のないことではない。けれどもそれが専ら彼にのみ属すると考えることは、呼吸や消化を全く人体の内部における現象と考えることと同様、間違っている。習慣は生理的機能と同じく環境を使用し合体する仕方である。習慣は一つの技術である。技術は主観と客観との、人間と環境との統一を意味している。すべての習慣が技術的であるように、すべての技術には習慣的なところがある。

技術における熟練とは習慣的になることであり、熟練されていない技術は真に技術的であるとは云い得ないであろう。かくしてデューイの云うごとく「習慣は環境的力と人間的能力との作業的適応 working adaptation である」*。習慣は環境の、従ってまた社会の支持を必要とする。社会はつねに我々の行為に分与しており、その意味においてすでにあらゆる行為は本質的に社会的である。習慣は持続的な適応として一つの均衡を意味している。

＊ John Dewey, Human nature and conduct, Twelfth printing 1935, p. 16.〔ジョン・デューイ『人間性と行為』第十二刷〕

習慣は均衡であることによって、習慣から形が生ずる。しかしこの場合、習慣が均衡であるという意味は更に精密に規定されることが必要である。それが第一に、個人と環境との間の均衡を意味することは言うまでもない。しかるに第二に、この均衡は物理的力の均衡と同じように考えることができぬ。それは能動と受動との力が等しいというがごときことを意味するのではない。しかもそれは環境に対する人間の受動によって達せられるものでなく、かえってすべての習慣は能動的な性質を具えている。環境の作用は決定的でも結論的でもなく、むしろ個体の作用が獲得された均衡の真の原理である。すべての習慣はその起原を習慣を作る個体から出たイニシアティヴに負うている。環境の作用はこの環境に自発的に自己を適応させる存在の反作用を喚び覚ます種類のものである。習慣は能動性を高め受動性を低めるというのは、ラヴェッソンに由来する有名な定式である。(31)それは一方において、習熟的になった適応は適応された存在の知識を脱するということを意味すると共に、他方においては、かようにして獲得された均衡は爾後自発的に実現されるということを意味している。前の意味においては習慣は本能に類似する。けれどもそれは習慣には思想が欠けているということであり得ない。習慣が環境に対する適応を意味する限り、習慣は技術的な、従って合理的な要素を欠き得ないのである。しかるにかの後の意味は第三の重要な点に繫がっている。即ち第三に、習慣は単に環境に対する適応であるのみでなく、またそれはスゴンの述べているごとく「存在の自己自身に対する適応」である。*環境との調和がいわば偶然的に実現されるものであるに反して、習慣はつねに、そして何よりも、存在の自己自身に対する適応である。これによって内面的な均衡の持続的な実現は可能になる。この均衡は精神と身体との全体的な均衡として実現される。環境に対する適応において人間は環境を模倣するとすれば、自己自身に対する適応において彼は自己自身を模倣するのである。習慣は環境に対する適応であると同時に自己自身に対する適応である。人間は環境に適応しつつ同時に自己自身に適応し、その際彼の行動の能動性ないし自律性が維持される。習慣的になることによって形が生ずるということもかくのごとき関係において可能である。

＊　J. Segond, Traité de psychologie, 1930, p. 27 et suiv.〔ジョゼフ・スゴン『心理学概論』〕

しかるに右の関係は、図式的に見れば、広く生物一般において認められるものである。メルシエに依れば、生物の生活とその進化とは三つの相反する要素、即ち、一、自律的活動、二、自己自身の発展の法則に従うべく強制されたこの活動の制約(遺伝)、三、外的環境、の関係のうちに展開される。＊その第一の要素は我々が右の習慣の分析において第二の点として述べたことに、また第二の要素は同じく第三の点として述べたことに、更に第三の要素は同じく第一の点として述べたことに対応している。すべて生命あるものは環境のうちにある。それは環境によって規定されると共に、逆に環境を規定する。しかしながら生物と環境との関係を単なる相互作用の関係と見るだけでは不十分である。すべて生命あるものは個体であり、その個体性は構造、集中、自律ということにおいて表現されている。個体は単に環境に適応するのみでなく、同時に自己自身に適応することによって、言い換えると自己自身を模倣することによって個体であり得る。かような自己模倣が遺伝と称せられるものである。タルドも社会現象における模倣を生物学的現象における遺伝に比較している。習慣は遺伝のごときものであり、記憶は習慣のごときものである。それらは「自己自身に依る自己自身の模倣」(タルド)である。[32]かくして我々は生命の全領域のうちに同一の傾向が支配するのを認めることができる。タルドの模倣論においては他の個体の、従って環境の模倣が主として説かれているけれども、自己自身の模倣を考えるのでなければ彼のモナドロジー的個体主義は維持され得ないであろう。ところでかように生命は環境の作用に対して反作用しつつ同時に自己自身に対して反作用することによって形を作る。生命とは胎生学者ブラシェ(Brachet)の云ったごとく「形の創造者」créatrice de la formeである。[33]同じ関係からして努力l'effortが生命の根本現象に属するということがまた説明される。ラヴェッソンも、努力は単に意識の第一の条件であるのみでなく、意識の完全なタイプであり、縮図であると述べている。努力は能動と受動という二つの要素を含む。受動とはその直接の原因をそれが属する存在とは異なる或る物において有する存在の仕方である。能動とはその直接の原因をそれが属する存在そのものにおいて、即ち自己自身において有する存在の仕方である。受動と能動とはそれ故に相反しているが、かように相反するものの結合が生存のすべての可能なる形式を包括している。そしてラヴェッソンに依れば、努力とはいわば能動と受動とがそこで平衡するところの均衡の場である、それはこれら相反するものの共通の限界、これら両極端がそこで相接触する中項である。** 努力は確かにかくのごとき均衡を意味している、均衡の意味を有しない努力を考えること——例えばフィヒテ流の自我哲学——は人間を環境における存在として把握しないという誤謬に陥っているのである。しかし努力が単なる均衡でなくてまさに努力であるのは、この均衡が能動的なものであるということ、言い換えると生命の自律的な活動を通じて獲得されるものであるということを意味している。そこでまた生命の有するフォルムは一方において均衡を現すと共に、他方において無限の緊張を現している。しかも個体の努力は単に環境への適応に対する努力であるのみでなく、自己自身への適応、従ってまた精神と身体との均衡に対する努力であるから、フォルムは一方において精神と身体との均衡を現すと同時に、他方においてこの身体に対する精神の優越ないし支配を現している。フォルムがイデーもしくは思想と見られるのも後の意味に依るのである、しかしその際もとより同時に前の意味を考えることを忘れてはならない。

＊　Gustave Mercier, Le transformisme et les lois de la biologie, 1936.〔ギュスターヴ・メルシエ『生物変移説と生物学の法則』〕

＊＊　Félix Ravaisson, De l'habitude, p. 23.〔フェリックス・ラヴェッソン『習慣論』〕

なお右の論述の中から特別に取り上げらるべき点は、習慣は技術であるということである。デューイは習慣は art であると云い(34)、ラヴェッソンは努力は tact であると云っているが(35)、いずれも技術の意味に解することができる。習慣は環境的力と人間的能力との作業的適応として技術的である。技術はその一般的本質において主観的なものと客観的なものとの統一である。ラヴェッソンに依れば、タクトは受動の極から能動の極まで拡がり、その発展において中間のすべての段階を包む(36)、その場合タクトは、これらすべての段階において、相互作用の法則を証している。習慣は技術的なものとして自己のうちに合理的要素を含むのでなければならぬ。デューイは、習慣を思想なしに行動を繰り返す単なる力と見ることに反対し、思想を欠いた習慣と無効な思想とは同じ事実の両面であると述べている(37)。習慣が一種の技術として思想を含むごとく、思想も習慣的に、従って技術的になるのでなければ効力的であることができぬ。しかるに技術は習慣的に、それ故に自然的になるのでなければ技術として完成しないとも考えられるところからすでに察知し得るように、技術は確かに合理性を基礎としなければならぬにしても、この合理性は単純な合理性であることができない。やがて詳しく論ずるごとく、技術は構想力に属している。技術はその本質において発明であり、「発明の論理」といわれるものは構想力の論理である。発明は明らかに科学を前提し、これに反することは不可能であるけれども、それはつねに一般的法則からの合理的推論以上のものである。発明とは形を見出すことである。形の論理、従って構想力の論理を除いて発明は考えられない。技術は主観的なものと客観的なものとの統一として、純粋に客観的でロゴス的であると見做される科学——この点についても後に論評を要する——とは異なるものである。技術において客観的なものは主観化され、主観的なものは客観化される。しかしこの過程は決して単に相互作用の関係と見らるべきでなく、技術はつねに主体に属すると考えられるように、その相互作用を通じて主観的なものの支配に終わるのである。自己以外に目的を有しない技術がなお手段と見られるのもかような関係に基づいている。従ってまた技術が手段であるという意味は外面的に理解さるべきことでない。その関係はあたかも一方において環境と主体との均衡であるところの習慣が他方においてはすべて能動的であるという関係に類似している。習慣は環境に対する適応であると同時に自己自身に対する適応である。それ故に習慣における技術は外的技術であると共に内的技術でなければならぬ。後者は何よりも精神と身体との均衡に関わっている。構想力によって人間の身体と精神とは聯関するというカスネルのあの秘密に充ちた言葉も、ここに合理的な説明の鍵を見出すことができるであろう。* 即ち人間の身体と精神とは内的技術によって聯関させられているのであり、この技術は構想力を基礎としているのである。但しカスネルにおいては技術は神話的に魔術のごとく見られている。

* Rudolf Kassner, Melancholia, 1915, S. 147.〔ルドルフ・カスナー『メランコリア』〕

生命のすべての活動は技術的であると云うことができる。我々の身体でさえ、進化論者の考えるように、環境に対する適応として、それ故に技術的に生成したものである。生命あるものは環境に対して自己を技術的に、発明的に適応させることによって生活し且つ進化する。自然も技術的である。すべて技術的に生成したものは組織もしくは構造を具えている。生命と構造とは分離され得ない。有機体の組織と最も密接に結び附いているのは本能と呼ばれるものである。しかるに本能は同一の種においてさえ形の異なるに応じて異なっている。蜂は、男性であるか、女性であるか、中性であるかに従って、それぞれ別の本能を有している。他の昆虫においても、幼虫、蛹、蛾と、転態の諸様相を通じてそれぞれ異なる本能が継起的に現れるのが認められる。本能はかように有機的構造と不可分であり、直接的な活動の自然的な道具である。しかも本能の活動は、一方においては環境に対する種の適応、他方においては種のタイプに対する個体の適応という二重の適応を実現する。この点から見れば、本能でさえ、スゴンの云うごとく一つのパンセ(思想)であり、[38] あるいはラシュリエ(Lachelier)の云うごとく「自然のイデ」であると考えることもできるであろう。しかしながら本能においては思想も技術も全く自然のうちに沈んでおり、自然そのものである。我々はこれまで習慣の合理性と技術性とを強調することに努めてきたが、習慣も本能と同じく、そこでは合理性も技術性も自然のうちに沈み、一種の自然、いわゆる第二の自然となるのは云うまでもないことであった。もっとも、技術はすべて習慣的になるという内的必然的な傾向を含み、その点に技術は単なる合理性のみからは説明されないところが存在する。しかし固有な意味における技術は本能から区別されねばならぬ、それは本能から出てくるものではない。本能が有機的な器官 Organ と不可分に結び附いているに反して、固有な意味における技術は機械的な道具Werkzeugを作るものである。ベルグソンに依れば、本能は全く「内面的」である、そこには生命の自己自身に対する直接的な共感がある、(39)これに反して技術的な知性、道具を作り且つ使う知性は全く機械的で外面的である。しかしながらかかる外面性は決して単なる外面性でなく、かえって超越に基づくことに注意しなければならぬ。ベルグソン哲学の内在論はかくのごとき超越の意味を理解することができない。技術は超越の根柢において初めて考えられ得るものである。しかも技術は単なる知性に基づくのでなくむしろ構想力に関わっている。制度は本質的に技術的に作られるものである。ジャッドも論じているごとく、制度は本能の産物でなく、制度の基礎には彼の造語を用いれば「道具意識」tool consciousness(40)がなければならぬ。

九

制度はもとより個人的な習慣から考えられ得るものでない。けれども右の記述は制度の構造性について先に述べた規定に照応して、制度の本質の理解に役立ち得るであろう。制度は或る意味においてすべて習俗もしくは慣習から出てくる。それはしかし慣習からただ自然的に生長するものではない。制度が慣習とは異なり構造を有するものとして生ずるためには意識的な技術が加わらなければならぬ。制度は慣習と技術との統一であると云うこともできる。そのとき技術は合理性を、慣習は「感情と信仰との要素」を意味するであろう。制度は具体的にはこれら二つの要素の綜合を求めるものとして単純に合理的な過程によって作られ得るものでない。自然の支配及びこの支配のために使用される道具の発明は仮に純粋に合理的な過程であり得るとしても、制度の創造にはこれとは性質を異にする技術が必要である。この技術はロゴス的であると同時にパトス的な構想力を基礎としなければならぬ。また仮に何らかの制度が純粋に合理的な思惟によって作られたとしても、実際に運用してゆく上ではそれを社会の慣習に適合させてゆかねばならず、かくして制度運用の技術においては構想力が必要であるのみでなく、かような運用において慣習的になることによって初めてその制度は固有な意味における制度となるのであるとすれば、制度の根柢にはつねに構想力が考えられねばならぬ。自然の技術と社会の技術、科学的技術と政治的技術との間にはおのずから相違があるであろう。

制度は個人的な習慣からではなくて社会的な慣習から考えられる。もちろん個人的な習慣も社会的に規定されているのがつねである。すべての個人は社会のうちに産まれ落ち、現存する慣習によって定められた条件のもとにおいて彼らの習慣を形成する。慣習は多数の個人が同一の状況に対して類似の仕方で反応するところから生ずると云われる。制度は慣習的に行われていることを合理化し組織化するものであり、かような合理化と組織化とは環境に対して一層よく適応するために要求されてくるのである。慣習あるいは習俗、そして制度は環境から影響される。すでにモンテスキューはそれらが特に自然的環境の影響のもとにあるということを論じている。[41] もっとも、我々は風土史観もしくは地理的決定論には同意し難い。自然が人間に働き掛け得るのも人間が自然に働き掛ける故である。自然に対する技術の発達は人間が自然から直接的に影響されることを減じてゆく。この際なお、習慣は能動性を高め受動性を低めるという、あのラヴェッソンの方式を再び想起すべきである、この方式は慣習についても妥当する。環境は単に自然的環境のみでなく、社会的並びに文化的環境というものがある。制度はそれらの環境に対する技術的な適応の仕方として作られる。ところで慣習は多数の個人が同一の状況に対して類似の仕方で反応するところから生ずると云われたが、他の方面から考えるならば、環境に対してかように活動するそれらの個人の間には相互作用が行われ、そして彼らの環境に対する活動が強力且つ有効であるためには彼らが一定の仕方で結合し共同することが求められる。かくのごとき相互作用の中から慣習が生じ、この慣習によって個人は結合される。慣習はかくして単に社会の環境に対する関係についてのものでなく、同時にまた社会の自己自身に対する関係についてのものである。その合理化と組織化として制度は社会が自己自身に与える構造であり、かような構造を具えることによって社会は真に社会となるのである。環境に対する人間の働き掛けが本能的直接的であることから技術的間接的になるという方向へ進むに従って、かく働き掛ける主体であるところの人間そのものを組織することが——例えば分業の発達によって——いよいよ要求されてくる。そこに制度の発達が認められる。制度はつねに人間を、即ち決して単に客体的なものと見ることのできぬ主体的なものを対象としている。それ故に制度の技術は自然を対象とする技術とは異なり、一層多く構想力に属しなければならぬであろう。科学的技術のごときものが固有な意味における技術であるとすれば、制度の技術はかような技術に止まらず、タクトという意味を含まねばならぬ。タクトも一種の技術ではあるが、それはいわば客体的技術に対する主体的技術を意味している。ラヴェッソンは意識の完全なタイプを現す努力はタクトであると云ったが、制度の技術は単なる技術でなくてタクトでなければならぬ。それが広義において政治的であると云われるのもそのためである。政治は他の意味と共に就中タクトという意味を含んでいる。政治の科学性ないし技術性を考えるに当たっても、この点を忘れてはならないであろう。主体的技術であるタクトには純粋に合理的な思惟のみでなくて構想力が特に要求される。もとより制度の創造に合理的な思惟が必要でないと云うのではない。制度は社会の自己自身に対する適応を意味すると同時に、他方環境に対する適応として存在するのであり、かかるものとして客体的技術を含むことが必要である。ただあたかも習慣が、すでに記したごとく、それのまさに習慣であるところから、環境についての意識的な知識なしに、専ら自己自身に依る自己自身の模倣として現れるごとく、制度も慣習から生まれもしくは慣習的になることによって、環境に対する適応という意味を離れて専ら社会の自己自身に対する適応として成立するかのように見えるまでであって、そこにはすでに客体的技術が含まれているのでなければならぬ。サムナーの言葉を借りれば、慣習のうちには、それが顕現的にされる場合、技術的哲学 technical philosophy(42)となるようなものが含蓄されている。主体は単に客体に対立するものでなく、客体に適応しつつこれを自己のものとなし、自己の表現となすことによって真の主体となるのであって、この点、先にイデーないし精神と身体との関係について述べた関係と同じである。従って主体的技術といわれるタクトも客体的技術を自己のものとなしてこれを自己のうちに含まなければならぬ。しかしタクトは技術的哲学のみでなく、再びサムナーの言葉を用いれば、安寧の哲学 philosophy of welfare のごときものを含むことが必要である。ジャッドの云うように制度は「道具意識」を基礎としなければならぬが、単にこれに止まり得るものでない。他方安寧の哲学も、サムナーにおいてまさにその通り考えられているように、技術的あるいはむしろタクト的なものでなければならず、その意味において技術的哲学でなければならぬ。タクトは本来、主体的なものと客体的なものとの統一を求めるものとして構想力に属するのである。

　かようにして制度は技術的に作られると云っても、それが道具あるいは機械のごときものとは異なるものでなければならぬ理由は明らかにされ得る。自然を支配するための道具がリアルなものであるとすれば、制度はフィクショナルなものである。しかもフィクショナルなものがリアルであるというのが歴史の世界である。制度は社会が自己自身に与える構造であり、かかる構造なしには社会は存立し得ない。制度は主体が自己自身に与える秩序として単なる道具以上の意味を有している。社会はフィクションの建物である。そしてすでに述べたように、環境に対する適応の仕方が本能的直接的であることから技術的間接的になるという方向へ進むに従って、かく働き掛ける主体であるところの人間を制度的に結合し組織する仕方も発展し、フィクションの支配もそれに応じて発展するのである。自然的環境は社会の身体であるとも考え得るように、科学も科学的技術も、あらゆるものが歴史の世界においては制度の意味を有し得る。フィクションはイリュージョンのことではない。歴史の世界においてはリアルなものがフィクショナルであり、フィクショナルなものがリアルである。ところで社会も我々にとって環境と見られるごとく、制度も我々にとって環境と見られることができる。我々は制度によって我々のために新しい環境を創造するのである。物でなくてフィクションが一層重要であるような世界のうちに我々は棲んでいる。我々の行動によって作られたものが今は我々の行動を指導するようになり、我々に対して新しい且つ力強い影響を与えるようになる。我々の生活そのものがリアルであることから多かれ少なかれフィクショナルなものになる。生活が本能によって支配される状態から進化するというのはこのことを意味している。ジャッドも論じているごとく、社会的制度はとりわけ個人の感情に大きな影響を及ぼし、文明人は動物や未開人のそれとは著しく異なる感情の装置を備えている(43)。我々は歴史的存在として単に自然から生まれるのでなく、フィクションによって形成されるものである。しかるに制度は慣習的なものであり、かかるものとして一つの制度はどこまでも自己自身に適応してゆく傾向、あるいはどこまでも自己自身を模倣してゆく傾向を具えている。習慣の本性は肯定的、主張的、自己永続的である。自己肯定的であることはまたパトスの本性でもある。制度は自己自身に依って自己自身を模倣するという傾向のために固定的となる。かく固定的になった制度は発展してゆく社会に対して適応し得なくなってくる。しかし制度は帽子のようにひとが勝手に被ったり脱いだりすることのできるものでない故に、そのときひとはその制度を何らかの方法によって変化した社会に適応させようと努力する。かような場合に見出されるのはメーンが法的擬制 legal fiction と称しているような過程である*。即ちその場合、法律の文字は元のままに止まっていて、その適用が変えられ、かくしてその法律の実質的には変化を受けているという事実が隠される。法律はそのときフィクショナルな意味のものとなるのである。制度が固定的になるということはパトス的になるということであるとすれば、固定した制度をフィクショナルなものにするためにはロゴス的な活動が必要であろう。しかしどこまでもロゴス的であろうとすれば、その制度を破壊してしまうのほかなく、これを避けようとする限り、法的擬制のごとき方法が用いられるのであって、そこには構想力の活動が要求される。フィクションはこの場合においてもロゴス的とパトス的との統一という意味を有し、この統一はつねに技術的に実現される。構想力そのものが本来技術的なものである。すべて制度化するということは技術的なものにすることであり、フィクショナルなものにすることである。例えば、婦人の掠奪による婚姻は、後にその掠奪が技術化され、制度化され、フィクショナルなものにされるに至った。固定化することによっていわば「事実」にまで堕落した制度も、擬制化されることによって制度としての生命を維持し得ることは、メーンのいう法的擬制において見られるごとくである。もとより一定の制度は適応の限界を有している。批判的精神は増大し、やがてその制度を破壊するが、ひとは直ちに不幸を感じ、再び新しい制度を作るに至るのである。

＊ Cf. Henry Sumner Maine, Ancient law.〔メーン『古代の法律』〕

慣習は社会の自己自身に対する適応という意味を有している。制度の主体、イェーリングのいわゆる目的主体 Zwecksubjekt は個人でなくて社会である。(44)個人はむしろ制度の技術における客体である。もとより人間は単なる客体でなくて主体である。かかる主体的・客体的な人間を自己の対象即ち客体とする技術として制度はパトス的・ロゴス的な構想力に属せねばならぬと云われるのである。しかし単なる客体でなくて主体であるところの個人は社会に対してその外部にあるとは考えることができず、かえって社会は自己のうちに個人を包むのである。制度は単に外的なものでなく、社会が自己自身に与える内的秩序である。かかるものとして一定の社会における種々なる制度はサムナーのいわゆる斉合性 consistency(45) への傾向を有し、相互に適応し合う。一定の時代における社会が全体として一定の形を有するということも、かくのごとき傾向に基づくのである。斉合性というのは単なる合理性への要求である以上に形への要求でなければならぬ。制度の技術は多数の個人を客体とするものであるが、主体であるところの個人をなお客体となし得るところに社会の真の主体性が認められる。かような主体性は超越なくしては考えられない。社会は単に個人と個人との相互作用の関係に帰し得るものでなく、超越的主体の意味を有している。制度が個人に対して規範的な、拘束的な性質を有するというのも、そこから考えられ得ることである。しかしかのデュルケーム派の思想のごときは個人のイニシアティヴ、社会に対する個人の自律性ないし独立性を認め得ないという欠陥を含んでいる。個人は単に社会に対して客体であるのでなく、また逆に個人は社会をも客体となし得る主体である。制度も意識的な技術である限りかような個人の発明に俟《ま》たなければならぬ。タルドの云うごとく、慣習でさえその起原に溯れば個人の発明であると云い得るであろう(46)。けれどもそれが慣習となるためには、タルドの云うごとく、模倣が行われねばならぬとすれば、個人と個人との模倣の関係が可能となる根拠として一般者であるところの社会が予想されねばならぬであろう。制度は社会をも客体となし得る主体としての個人によって創造される。しかしかくのごとく個人によって客体となされる社会はまさに「制度的社会」というべきものであって、かような制度的社会は、主体であるところの個人をどこまでも包み、個人はそれから創造されると考えられるような「創造的社会」とは区別されねばならぬ。創造的社会こそ真の超越的主体である。発明的な個人はかかる創造的社会と一つになることによって発明的であり得るのである。超越なくしては技術も考えられない。アリストテレスは自然は技術的であると云ったが(47)、社会こそ技術的であり、人間も社会から技術的に創造されると云い得る。この場合制度的社会の根柢に創造的社会が考えられねばならぬ。創造的社会と制度的社会との関係はいわゆる能産的自然 natura naturans と所産的自然 natura naturata[48] との関係のごときものである。主体と客体とが抽象的に分離され得ないように、制度的社会と創造的社会とは抽象的に分離することができぬ。人間は社会から作られたものでありながら独立なものとして逆に社会を作るのである。かくて制度を論じて技術の問題に突き当たった我々は、次に技術について一層詳細な研究に入ろうと思う。

第三章　技　術

一

制度の分析は制度のうちに技術の要素が含まれることを明らかにした。今や我々は技術に我々の考察を向け、そして我々の意図に従って特に技術と構想力との関係について研究しよう。

技術という語は、最も広い意味に用いられる場合、一定の目的を達するためのすべての手続き、すべての手段、手段のすべての結合、すべての体系を意味している。かようにしてひとは例えば話の技術、唄の技術、演劇の技術、戦闘の技術、飛行の技術等について語り、それのみでなく恋愛の技術——古代人のいわゆる Ars amandi——についてさえ語っている(1)。しかし技術は、一層狭い意味においては、一定の目的を達するために道具と呼ばれる物的手段を介して行われる手続き、ゾンバルトのいう道具的技術 Instrumentaltechnik を意味している。この場合にも、音楽の道具もあれば、戦争の道具もあり、外科手術の道具もあるであろう。そこで技術は、更に狭い意味においで、かような道具を作るための手続き、あるいは一般に物的生産のための手段として限定されるのである。それは生産技術 Produktionstechnik と称せられるものであり、ゾンバルトに依って経済的技術と呼ばれるものである。* 技術という語はかくのごとく広くも狭くも用いられるが、近代において一方自然科学的思惟が支配的となり、他方社会生活における経済に決定的な重要性が認められるに従って、いわゆる生産技術が固有の意味における技術と見做されることになったのである。この事情を離れても、そのことには深い意味が含まれている。技術と生産とは不可分の関係にある。自然も技術的であると云《い》われる場合、自然も生産的と考えられているのである。生産の概念は技術の概念にとって構成的な要素である。ただ生産ということは広くも狭くも解せられることができる。生産の概念が経済的生産の意味から拡張されるに従って技術の概念もこれに応じて拡張され、逆に技術の概念が経済的技術の意味から拡張されるに従って生産の概念もこれに応じて拡張されるであろう。かように拡張された意味における生産をポイエシス(制作)と名附けるならば、すべてのポイエシスは技術的であると云わなければならぬ。次に道具の概念も技術の概念に欠くべからざる要素である。道具の意味も技術の意味の広狭に応じて広くも狭くも解せられることができる。固有な意味における技術を経済的技術と見る場合、道具は機械的道具に限定されるが、広い意味においては身体の諸部分即ち有機的器官、身体そのものも道具と考えられ、更に全自然も人間にとって身体の意味を有し、従って道具であると考えられるであろう。かような意味においてはゾンバルトのいわゆる道具的技術でない技術も道具的である。いずれにしても生産の概念と道具の概念とが技術の概念にとって定義的要素であると云うことができる。

* Werner Sombart, Technik und Kultur, Verhandlungen des Ersten Deutschen Soziologentages, 1911.〔ヴェルナー・ゾンバルト「技術と文化」『第一回ドイツ社会学者会議討議集』〕

すでに取り扱った範疇に関係附けて考えるならば、技術も或る意味においては制度的なものである。技術は習慣的になることによって技術の意味を発揮すると考えられるのであるが、そこから技術は一つの制度になってくる。技術は習慣の訓練と規律とのもとにコンヴェンションの列に就き、習慣や時効の斉合性——サムナーがモーレスに本質的な傾向と見做したconsistency——を獲得し、かくして制度の性格と力とを具えてくる。技術は習慣的自明性となるのみでなく、社会的コンヴェンションによって裁可されたものとなり、我々の行為にとって規範的意味を有するようになる。慣習によってそれはまたその時代の常識の中へ組織されるに至るのである。ヴェブレンが力説しているように制度的性質は技術の重要な一面であると云わねばならぬ。* 有史前の一定の時代を石器時代とか青銅器時代とか鉄器時代とかと称し、あるいはまた一定の歴史的社会を封建制とか資本制とかと名附けて時代を区分するということも、根本においては、技術が制度的になるということがあるために可能になるのである。技術の制度的存在に注意することは技術の意味の具体的な理解にとって大切である。しかも技術が制度的になるということは単に外的な理由に依るのでなく、技術の存在そのものに内在する性質に基づいている。ラッセルが科学的気質と科学から出た科学的技術の性質とを区別し、前者が用心深く、試験的で、自由を尚《とうと》ぶに反し、後者には固定的で保守的なところがあると述べているのも、技術のそのような性質に基づくであろう。** 科学が制度的になることの極めて尠《すくな》いのに対し、技術はあらゆる場合に制度化される傾向を具えている。科学は技術になることによって自然——歴史的自然になると云われるであろう。また科学と常識とがつねに判然と区別されるに反して、技術が絶えず常識の組織の中へ繰り入れられるということも、技術の、そして常識の制度的もしくはノモス的性質に関係している。常識も技術も或る実定的なものであり、かようなものとして制度的性質を有している。

* Thorstein Veblen, The instinct of workmanship and the state of the industrial arts, Third reprint 1937.〔ソースティン・ヴェブレン『職人の本能と産業技術の発展』〕

** Bertrand Russell, Religion and science, 1935.〔バートランド・ラッセル『宗教と科学』〕

しかし技術は特に神話の形において存在する。呪術あるいは魔術 Magie といわれるものがそれである。未開社会においては神話が重要な意義を有するように呪術がまた支配的な位置を占めている。「もし我々が服飾の起原を決定しようとするならば、もし我々が社会的諸関係及び活動、例えば婚姻、戦争、農業、家畜の飼養等の起原を決定しようとするならば、もし我々が自然人の心理を研究しようとするならば、――我々はつねに呪術と呪術に対する信仰とを通過しなければならぬ」、とプロイスは云っている。* 呪術そのものは生存のための闘いの直接の帰結としてそれが本能の段階を越える場合生まれるのであり、宗教と技術とは呪術から何らの間隔なしに出てくると云われている。すべての技術が主体と環境との間の作業的関係であるように、呪術も生存のための闘いから生まれるものとして環境を自己の意志に従えようとする人間の行為の一つの、原始的な形式である。即ち呪術は技術的目的を含んでおり、ただ固有な意味における技術が環境についての客観的な科学的な知識を基礎とするに反し、呪術は或る神秘的な力を信じている。簡単に言えば、呪術は技術の神話的形態である。そして更に神話そのものも或る見方からすれば技術的要求に基づくと見ることができるであろう。人間は環境のうちに生存するものとして彼らの技術的要求は普遍的である。神話に特徴的な観念は擬人論 anthropomorphism あるいは物活論 animism であると一般に云われているのであるが、ヴェブレンに依れば、かような擬人論的観念は「工人の感覚そのものの自己混濁」the self-contamination of the sense of workmanship itself である。** 擬人論の本質的な特徴は行為を、多かれ少なかれ行為の人間的様式に従って、外物に想入することに存するのであるが、かような擬人論は普通に「工人の言葉における現象の解釈」を意味している。即ちそこでは外物も工作的人間と同じように物事を為すと考えられるのである。「観察の事実は工人の事実として理解され、そして工人の論理は出来事の論理となる。」人間は彼らに最も根本的な本能と見られる工作の性向を、まさに工作の本能そのものの要求に基づいて、観察された現象に想入してこれを解釈するというのがヴェブレンの意味する工作の感覚(本能)の自己混濁であって、そのために生ずる擬人論あるいは物活論がかえって真の技術の発達の妨害になるからである。外物への工作の性向のかような想入は次第に素樸な直接的な段階を去って観察された現象の背後に向かって推し進められ、そして神話の形成も一層完全にされた擬人論的観念によって一層精緻になってくる。しかし工人の性向を外的事実に属せしめるという傾向は失われずに存続し、ヴェブレンに依れば、一方それはなお近代の科学者をして彼の観察を因果作用の観念において一般化することを可能ならしめ、他方それは創造的工人、偉大なる工匠としての神の観念を存続せしめている。(2) 因果の観念のうちにかの propter hoc が、(3) 従って作用もしくは力の観念が含まれるのは、工人的擬人論に基づくと考えられるのである。そしてそのことは科学が元来技術的要求から生まれたものであることを示している。もとより純粋な科学的思惟はかような観念から解放されることに努めるであろう。しかしながら技術的思惟そのものはその因果関係の思惟において propter hoc の観念から自由であり得るであろうか。この極めて一般的な意味においてすでに技術の根柢には神話があると云うことができる。神話の根柢に技術的要求があるように、技術の根柢には神話があるのである。あるいは言い換えると、すべての技術には何か呪術的なところがあると云うことができるであろう。もっともかようにいう意味は十分精密に限定されることが必要である。神話をすべて技術的要求から説明することが一面的であるとすれば——すでに「神話」の項〔章〕において述べたごとく神話的観念は単に擬人論もしくはその古い形態と見られる物活論からは説明されない、我々が構想力の世界と考えるものが擬人論や物活論以前の世界であることは後に「経験」の項に至って説明されるであろう——、技術をただ呪術のように考えることは更に危険である。固有な意味における技術と呪術とはどこまでも区別されねばならぬ。呪術はむしろ神話と技術との中項である。「工作人 homo faber と宗教人 homo religiosus とは、彼らが今日相互に対して有するように見える態度を取る前に、まず呪術人 homo magicus において相遇《あ》う」、とブランシュヴィクは書いている。*** 宗教の側から見れば、呪術は技術の方へ追い払われる、技術の側から見れば、呪術は宗教の方へ追い帰される。しかもブランシュヴィクがまた、呪術人は我々の同時代人であることをやめたのでなく、彼は恐らくその日常生活の過程における我々の同時代人の大衆の心理を現すと云っているように、呪術は単に過去のものに属するのでなく、かえってすべての技術には何か呪術的なところがある。それ故に固有な意味における技術について論ずるに先立って、我々はまず呪術の意味を考えてみなければならぬ。

＊　Preuss in "Globus", LXXXVII, 419.〔『グローブス』（民俗学誌）第八七巻所収のコンラート・テオドール・プロイス論文〕（W. G. Sumner, Folkways, p. 5.〔サムナー『習俗論』〕に拠る。）

＊＊　Veblen, Op. cit., pp. 52-62.

＊＊＊　Léon Brunschvicg, De la connaissance de soi, 1931, p. 60.〔レオン・ブランシュヴィック『自己認識について』〕

二

呪術は甚だ曖昧な、甚だ無限定な現象であり、これを定義することはほとんど不可能であると云われる。しかしそれは技術と宗教との或る中間物と見られている。＊呪術は、それが実践的目的を有する点、その適用の大多数が機械的性質を有する点、その主要観念の或るものが経験的擬態を有する点において、世俗的技術に類似している。

しかしそれが特殊な行使者に訴え、霊的な媒介物に頼り、祭祀的行為を行う場合、呪術は技術から離れて宗教に近づくのである。宗教的儀礼にしてその等価物を呪術のうちに有しないものはほとんどないと云われるほどである。けれどもそこにはまたひとが普通に宗教について抱く観念と一致しない点が多く存し、そして宗教と呪術とは自身互いに他に反対するのがつねである。宗教と呪術とを区別する二つの極は犠牲と呪詛である。宗教はそれに向かって讃歌、祈禱、犠牲が昇ってゆく一種の理想をつねに拵えている。呪術はこの領域を避け、かえってその周りに呪術的儀礼があつまる呪詛に向かっている。宗教的儀礼が一般に白日と公共性とを求めるに反し、呪術的儀礼は普通に夜と闇とのうちに行われる。他方呪術における儀礼的行為は創造的であると考えられている、それは物を作る効能を有すると見られている。この点において呪術は宗教よりも技術に近いと云わねばならぬ。

＊ Voir H. Hubert et M. Mauss, Esquisse d'une théorie générale de la magie, L'année sociologique VII, p. 85.〔ユベール、モース「呪術の一般理論素描」、『社会学年報』第七巻〕

初めに述べたように、生産の概念と道具の概念とは技術の概念にとって定義的要素である。しかるに呪術はそのようにまず生産を目的としている。ユベルとモースが云っているように、呪術は我々の技術、産業、医学、化学、力学、等々が働くのと同じ趣旨において働くのである。「呪術は本質的にものを作る術 art de faire であって、呪術家は彼らの能力、彼らの練達、彼らの手の巧者を周到に利用した。それは純粋生産、無からの(ex nihilo)生産の領域である、それは言葉や身振りによって技術が労働によって為すことを為すのである」*。すべての呪術的行為の含む表象の最小限は効果の表象であると云われるのも、それが実践的目的を有するためである。効能 efficacité を考えないような如何《いか》なる呪術も存しない。呪術はその直接的な本質的な効果として与えられた状態を変化するということを考えている。呪術家はつねに呪術が「変化の術」art des changements であるという観念を抱いている**。呪術家は実践家である。活動しない名誉職の呪術家というものは存しない、呪術家であるためには実際に呪術を行わなければならぬ。呪術的表象は呪術家にとって大部分は理論的意味を有することなく、彼らがそれを定式化するということも稀である。それは実践的意味しか有せず、呪術においては、ほとんどその行為によってしか表現されていない。それを最初に体系に還元したのは呪術家でなくて哲学者である[4]。呪術的表象の理論を提供したのは秘教的哲学者であった。呪術そのものはデモノロジーをさえ構成しなかった。

デモンの目録を作ったのはヨーロッパにおいてもインドにおいても宗教であるとせられている。呪術においては純粋な表象というものは存在しない、従って呪術的神話は胎児として止まっている。これに反して宗教においては神話や教理が発達している。また宗教が形而上学に傾き、理想的形象の創造に没頭するに反して、呪術は自己がその力を汲み取る神秘的生活から出て無数の溝を通じて世俗的生活の中へ入り込み、これに役立とうとしているということも、後者が技術と同様の目的を有するのに由っている。宗教が抽象的なものに傾くように、呪術は具体的なものに傾く。かくして呪術がその種々の目的の追求において個別化され特殊化されるに応じて、呪術は次第に技術に類似してくる傾向を有している。呪術は元来が実践的目的を有するところから、架空の世界でしぐさをするに止まることなく、物質を取り扱い、ほんとの実験を行い、発見をさえなすようになり、かくして呪術は実証科学に傾き、これを準備するに至っている。宗教がその知的要素によって形而上学に傾くに反して、呪術は具体的なものに一層心を打ち込み、自然を知ることに熱中している。それは植物や鉱物などの、現象や存在一般の一種のインデックスを、即ち天文学的、物理学的及び博物学的諸科学の最初の梗概を構成した。実際、ギリシアにおいては、占星術や錬金術のごとき呪術の或る部門は応用自然学であったのであって、呪術家が *φύσικοι*（自然学者）の名を受け、また *φυσικός* という語が呪術的というのと同義語であったのは当然であったとせられる。*** 呪術家は彼らの仕事の性質上、知ることは能うことである（savoir c'est pouvoir）のを知らねばならなかった。かくして彼らの知識は単に分類的であるに止まることなく、時にはその原理を発見するために彼らの知識を体系化することが試みられている。科学はその起原を一部分呪術家に負うのであって、そこにはまた未開社会においては自然について観察をなし、これについて反省ないし空想するという閑暇を有したのはひとり呪術家であったという事情が存在している。科学的伝統と知的教育の方法とを構成したのも彼らであったと信ぜられる。

* Hubert et Mauss, Op. cit., p. 143.
** Voir Ibid., p. 59.
*** Ibid., p. 145.

しかし呪術そのものは決して科学と同じでない。呪術はもと純粋に実践的な目的を有するのであるが、それにとって最も根本的な観念は、ユベルとモースに依れば「呪力」pouvoir magique あるいは « potentialité magique » と称せられる神秘的力の観念である。呪術は元来自然法則に関心するのでないように、また特に個物に関心するのでもない。従って呪術のうちには神話を発展させるに足りるような人格的表象が含まれるにしても、その神話は初歩的に止まっている、呪術はデモンの物語を作ることを欲しないのである。そればかりでなく、神々も呪術の中に入れれば、人格性を失い、いわば彼らの神話を脱ぎ棄てる、呪術は彼らにおいて個性を考えることなく、かえって性能、力を問題にし、勝手にその形を毀《こわ》し、彼らをしばしば単なる名に変えてしまう。* かくして呪術に本質的なものとして残るのは呪力という「漠たる力」(pouvoir vague) であり、このものはその全体性においてデモンの形をもって表現されることができない。呪力はむしろ呪術家の力や儀礼の力や霊的存在者の力などがそれの種々の表現であると云われ得るような力である。けだしこれらのものはいずれも、それがまさに、あるいはコンヴェンションに依って、あるいは特殊な儀礼に依って、一つの力即ち機械的でなくて呪術的な力であるという性格を賦与される限りにおいてのみ、呪術の要素として作用するのである。もっとも呪力の観念は、この見地からすれば、我々の機械力の観念と完全に比較し得るものである。我々が運動の原因を力と呼ぶように、呪力は呪術的結果、病気や死、幸福や健康等の原因、そのいわゆる causa efficiens である。効能 efficacité の観念は機械力を用いる技術においても呪術においてと同様基礎的であるであろう。ところで呪力の観念において極めて注目すべきことは、この観念は問題の力がそこで働く環境の観念を含むということである**。この神秘的環境においては、事物は感覚的世界におけるのとは全く異なる過程をとる、そこでは距離も接触を妨げず、希望は直ちに実現され、すべての物は霊的になり得る。この力の観念とこの環境の観念とは不可分である、両者は絶対的に一致し、同時に同一の手段によって表現される。呪力を創造することを目的とする仕掛けである儀礼の諸形式は、同時にまた環境を創造するところの仕掛けである。かような力と環境との複合観念は、ユベルとモースに依れば、我々の言語や我々の理性の抽象的な範疇を脱したものである。しかし彼らデュルケーム派の人々の云うごとく、それは個人的な主知的な心理からは理解されることができず、集合表象として説明されるのほかないとしても、まさにこの心理の論理的性質、いわゆる「集合的思惟の範疇」catégorie de la pensée collective の論理は如何なるものであるかが問題であろう。かような呪術の基本観念は確かに、ユベルとモースの指摘するように、比論的推理に関係附けられ、そして根本においては観念聯合説に従っているフレーザーなどの共感説によっては十分に説明されない。また先に述べたヴェブレンの工人の感覚の自己混濁という思想は、擬人論に対する従来の漠然とした説明に代えて工人の感覚の想入 imputation という限定を与えた点において重要ではあるが、依然として感情移入説などに類似したところがあり、且つ呪術においては人格よりも力が問題にされ、呪術的神話はユベルとモースの云うごとく「霊的人格でなくてひたすら物を目掛け、極めて客観的」であるとすれば、ヴェブレンのこの思想も呪術の説明に適用され難いであろう。かくして呪術に特徴的であるとせられる力の観念と環境の観念との一致は、後に論ずるごとく、実に構想力の論理の一つの、呪術的な範疇でなければならぬと思われる。構想力の論理は観念聯合説はもとより、また誤解されるかも知れないように感情移入説を基礎とするのではないのである。呪力は神秘的力である。呪術のこの神秘性はマナ mana という語をもって表される。(5) 呪術におけるマナの観念は宗教における聖 sacré の観念と同じ秩序のものである。マナの観念は聖の観念よりも一層一般的であって、後者は前者のうちに含まれ、前者から分離したものであろうと云われている。ところで呪力はいかにも無限であり、呪術的環境はいかにも超越的であるにしても、呪術的世界においては事物は法則に従って経過する、とユベルとモースは書いている。しかるにかような法則は、やがて論ずるごとく、一般に構想力の論理の呪術的形態を現すと思われるのである。ユベルとモースは呪術は集合的思惟に属するとなし、呪術的判断は「ほとんど完全な先験的綜合判断」であると云い、そしてそれはまた一方感情的な「価値の判断」であると共に、他方つねに合理的なあるいは知的な判断であり「マナの観念のおかげで、欲望の領域であるところの呪術は合理性に充ちている」、と述べている。***しかるに先験的綜合判断として特色附けられる呪術的判断が知的であると同時に感情的であるというところに、すでに我々はそれが生産的構想力の一つの形態、その呪術的形態に属することを見出し得るであろう。

* Voir Hubert et Mauss, Ibid., p. 84.
** Ibid., p. 107.
*** Ibid., p. 128.

呪術が技術のように生産を目的としていることは明瞭であるにしても、それが道具の概念を含むということはそれほど明瞭でない。いまオーストラリヤの未開社会において行われる呪術に関する諸研究はほとんど一致して、その呪術のすべてが一定の人間に神秘的力即ち呪力を認め、この力の現在は、普通にその物的象徴として、呪術家の身体あるいは少なくとも彼の医嚢(sac-médecine)あるいは厳密に云えば秘密の挙止に含まれる呪術的実体 substance magique を有するとしている。この呪術的実体は、ほとんど到る処、あるいは岩石の結晶の断片、あるいは呪術的な骨(普通には死人の骨)から成っている。* 呪術におけるかような実体は技術における道具の意味を有すると云い得るであろう。呪術家の身体、その身振りそのものも道具と見られ得る。彼は呪術において主体であるというよりも、呪力を賦与され呪力を表現する限りにおいてのみ呪術家であるという意味において、道具の役割を演ずるのである。呪術における儀礼もまた道具の意味を有している。宗教の場合、一方では儀礼、他方では神話と教理、が自律的であるに反して、呪術の場合、これらの要素が不可分であるということも、この場合儀礼そのものが神話ないし教理の表現であり、且つ呪力を賦与されたものとして呪術的結果を作り出すという意味において道具であるためである。呪術においていて特に言葉が重要な位置を占めることが注意されている。即ち一方真の儀礼にして無言のものが存在するかどうかが疑わしく、他方極めて多数の儀礼はただ専ら言葉によって行われている、かような事実は言葉の呪術性を理解する上に重要であるが、言葉も呪術にとって道具である。技術における道具が機械力を具えたものであるに対して、呪術における道具は呪力を具えたものである。かようにして呪術にも道具が存すると一応は考えることができるにも拘らず、他面呪術における道具の意味が甚だ曖昧であることもまた争われないであろう。技術は主体と客体とを媒介するという機能を有し、道具の意味もそこに認められる。しかるに呪術においては、ユベルとモースが書いているように、能動者、受動者、物質、精神、呪術的行為の目的の間に、一般的に云えば主体と客体との間に特殊な「連続」ないし「混同」がある。そしてそのことがまた儀礼そのものの性格を規定している。「呪術は形象の混同を含み、それなしには、我々の意見に依れば、儀礼そのものは考えられない」、「この混同は、なお、それ自身において表象の対象である。実際、呪術的儀礼の表象の種々なる要素はどれほど判然としているにしても、それらは一つの綜合的表象のうちに含まれ、そこでは原因と結果とが互いに混同される。これが呪術の、直接的な且つ無限の効能の、直接的な創造の観念そのものである」、と彼らは書いている。** かように呪術においては主体と客体とが、また原因と結果とがつねに相互に混同されているとすれば、そこに固有な意味における道具の概念は介入し得ないであろう、その場合生産はただ直接的であるからである。しかるにかくのごとき混同はまさに構想力によって生ずると云われるであろう。呪術におけるこの混同の性質と意味とを明らかにすることによってそれを技術に対して評価するためには、呪術と構想力との関係をその根本に立ち入って明らかにすることが必要である。

＊ Hubert et Mauss, Mélanges d'histoire des religions, Deuxième édition 1929, pp. 134–135.〔ユベール、モース『宗教史論集』第二版〕

＊＊ Esquisse, pp. 60–61.

三

呪術と構想力との間に密接な関係が存することは一般に認められている。呪術家の身振りのうちに何らかの哲学が含まれるとすれば、それは構想力の哲学であると云い得るであろう。エッセルティエのいう、呪術を主なるものとする「説明の下級形式」は構想力を基礎としている。＊構想力においては、彼も理解するように、情意的なものと表象的なものとが一つであり、感情(émotion)と形像(image)とが分離されることとなく、両者は互いに限りなく反映し合っている。かような構想力の論理はしかし、エッセルティィエの考えるごとく、たとい文明人の間にもなおつねに強力に残存しているにせよ、単に説明の下級形式あるいは単に発生的意味において原始論理であって、論理的意味において原始論理でないのであるかどうかが問題である。

＊ Voir Daniel Essertier, Les formes inférieures de l'explication, 1927.〔ダニエル・エッセルティィエ『説明の下級の形式』〕

呪術に関する古典的な理論はフレーザーの共感説である。＊彼は呪術の基づく思想原理を類似の法則(law of similarity)及び接触あるいは伝染の法則(law of contact or contagion)の二つに要約した。前者は、類似のものは類似のものを生ずる、もしくは結果はその原因に類似するという法則であり、後者は、嘗《かつ》て相互に接触していたものは物理的接触が切断された後にも遠く隔てて相互に作用を及ぼし続けるという法則である。かくして一般に共感の法則(law of sympathy)を基礎とし、共感呪術(sympathetic magic)と総称され得る呪術は、類似の法則に基づく類感呪術あるいは模倣呪術(homoeopathic or imitative magic)と接触の法則に基づく伝染呪術(contagious magic)とに区分される。これら二つの種類の呪術はともに、物は秘密の共感によって遠く隔てて相互に作用し、衝動は一方から他方へ一種の不可視のエーテル――近代科学によってちょうど同様の目的のために、即ち如何にして物体は空虚と見える空間を通じて相互に物理的に作用し得るかを説明するために、想定されたところのものと似ていなくはない――ともいうべきものに依って伝達されると考えている。類似のものは類似のものを生ずるという原理の適用の手近かな例は、多くの時代、多くの民族において行われたあの企て、敵の模像に対して害を加えあるいはそれを破壊することによって彼を害したり斃したりしようとする企てである、この場合、模像が苦しむと全く同様にその人間も苦しみ、模像が破壊されるとき彼も死なねばならぬと信ぜられているのである。次に伝染呪術の最も普通の例は、人間とその身体の何らかの切断された部分――彼の毛髪あるいは爪のごとき――との間に存在すると想像される呪術的共感である、そこで誰かの毛髪あるいは爪を手に入れた者は、どのように距《へだた》った処からでも、その毛髪あるいは爪の主に彼の意志を働かせることができると考えられるのである。ユベルとモースはフレーザーが呪術をすべて共感呪術に帰し、共感をもって呪術の必要にして十分なる特徴と見做したことに反対し、一方呪術の条件として社会的慣習ないし伝統の意義を力説すると共に、他方呪力の概念を強調し、共感は呪力の通過する道であって呪力そのものではないと述べている。この批評は全く正しいであろう。しかし彼らが明らかにした制限のもとにおいては、呪術の法則として彼らもまた論じているものは重要な意味を有するであろう。＊＊その第一は接近の法則(loi de contiguïté)であり、フレーザーの接触の法則に当たる。この共感的接近の観念の最も単純な形式は部分と全体との同一のうちに与えられている。部分は全体の価値を有し、爪や毛髪は人間を全体的に代表する。分離も連続を妨げることなく、ひとは部分から全体を totum ex parte 生ぜしめることができる。他の言葉で現せば、ひとつの存在の人格は分割されず、その部分の各々のうちに全体として住んでいる。この定式は人間についてのみでなく、事物についても妥当するのである。第二の法則はフレーザーと同じく類似の法則(loi de similarité)と呼ばれ、類似のものは類似のものによって喚び起こされる similia similibus evocantur ということと、類似のものは類似のものによって癒やされる similia similibus curantur ということとは、その二つのよく知られた定式である。初めの定式は類似は接近の価値を有するという意味になる。模像の物に対する関係は部分の全体に対する関係である。言い換えると、模像は、すべての接触とすべての直接的交通とを外にして、完全に代表的であるというのである。しかしこの定式は単に一般的な喚起を言い表すに反して、類似のものは類似のものによって癒やされるという他の定式は、類化は限定された方向における結果を生ずるということを確認している点において独自性を有する。類似の法則のこの後の形態から第三の法則、即ち反対の法則(loi de contrariété)に達することができる。類似のものが類似のものを癒やす場合、それは反対のものを生ずることを意味している。類似のものは反対のものを惹き起こすために類似のものを喚び起こすのである。類似の抽象的観念は反対の抽象的観念から分離されることができぬ。そこでまた共感 *συμπάθεια* は反感 *ἀντιπάθεια* と等価になる。すべての呪術は、幸運と不運、寒と暖、水と火、自由と強制、等々の相反するもの、対立するものについて思弁した。真実をいえば、類似は反対なしにはやってゆけぬごとく、反対も類似なしにはやってゆけぬ。同様に、類似の法則と接近の法則とも、一方は他方に向かっている。類似に依る呪術的儀礼は接触を利用するのが普通である。かくて呪術の諸法則が互いに関聯しているとすれば、悟性の論理とは明らかに異なるかような論理はその根本において如何なるものであろうか。

* Cf. J. G. Frazer, The Golden Bough (New-one-volume edition 1935).〔ジェームズ・フレーザー『金枝編』〕

** Voir Hubert et Mauss, Esquisse.

呪術を単に共感から説明することには制限があるにしても、共感が呪術にとって重要な意味を有することは認められねばならぬであろう。ところでフレーザーはこの共感をイギリスの古典的心理学の伝統に従って観念聯合の一種として理解し、呪術家の論理はただ観念聯合の誤用に過ぎないと考えた[6]。タイラーもまた呪術の基礎は類比に依る推理あるいは単なる観念聯合 reasoning by analogy or mere association of ideas であると述べている*。かくのごときは呪術を単に科学以前の科学の一種と見る偏見の上に立つものと云わねばならぬ。それのみでなく、ドゥラクロワの論ずるように、イギリス学派にいう観念聯合は、呪術を説明するどころか、それ自身が一種の呪術であり、接近せるものに依る接近せるものの、類似のものに依る類似のものの、説明されざる索引である**。聯合は精神を説明するどころか、これを前提するのである、即ち一つの同じ心理的経験の種々の要素がそこではつねに結び附いているように最も親密な仕方で集合されている意識の統一なしには、接近も効果を現し得ないであろう。しかるにかような意識の統一は、この場合、少なくとも呪術に関する限り、単なる理性の統一と考えることができぬ。観念聯合にとってかえって前提をなす呪術的なものはまさに構想力でなければならぬであろう。この場合、共感は単に感情的なものでなく、かえって感情的なものと表象的なものとがそれにおいて一つでなければならぬ。言い換えると、構想力においては主観的なものと客観的なものとが一つである。エッセルティエに依れば、未開人の心理においては、彼の表象は極めて容易に彼を逃れ、彼にとって外的なものとなり、客観的な、しかも物質的でない実在性を賦与される。イマージュは直ちに実在的である。彼の作るイマージュは彼を引き摺り、彼を吸収する、彼はそのうちに融合する。しかし彼はかようにしてそれを彼の実体をもって養い、それに彼なしに、彼の外に存在する手段を与える。未開人はイエンシュのいわゆるアイデティケル(Eidetiker)である***。その心像は単なる表象、単なる知覚とは異なりimage eidétique(エッセルティエ)とも云うべきものであり(7)、かかる直観像(イエンシュのいう Anschauungsbild)においては自我と非我、内界と外界、主観的なものと客観的なものとが一つに凝集している。それは一種の幻覚であり、錯覚であり、虚偽であると、ひとは云うであろう。未開人にとってそのような心的現象は彼らの意識における中心的力が弱いところから生ずるとエッセルティエは述べているが、しかるにもし、ちょうどディルタイが詩人の構想力と狂気との関係について論じたように、かくのごとき主観的なものと客観的なものとの凝集が意識における中心的力の鞏固な統一――ディルタイに依れば心的聯関の統制(8)――のもとにおいて生ずるものとすれば、詩人の構想力と狂気とが区別されねばならぬように、それは単なる幻覚のごときものでなく、実在的意味を有すると考えられねばならぬであろう。主観的なものと客観的なものとの同一は構想力の論理の根本である。しかるに主観的なものと客観的なものとの同一は、対立物の同一として、弁証法の根本であるともせられている。その意味において構想力の論理は弁証法的であると云うことができる。しかしながら普通に云われる弁証法はヘーゲルのいわゆる追考(9)の論理であり、追考的弁証法とも称すべきものであるに対して、構想力の論理は創造的弁証法である。追考的弁証法といえどもその根柢に何らかの構想力を、特にあの再生的構想力――生産的構想力に対する――を予想せねばならぬであろう。かような関係は後に至って詳しく究明されることである。

* E. B. Tylor, Anthropology, Vol. II, p. 84 (Thinker's Library).〔エドワード・バーネット・タイラー『人類学』〕

** Henri Delacroix, La religion et la foi, 1922, p. 30.〔アンリ・ドラクロワ『宗教と信仰』〕

*** Vgl. E. R. Jaensch, Die Völkerkunde und der eidetische Tatsachenkreis in „Ueber den Aufbau der Wahrnehmungswelt und die Grundlagen der menschlichen Erkenntnis", Zweite Auflage 1927.〔エーリヒ・ルドルフ・イェンシュ「民族学と直観像の事実領域」、『知覚世界の構造と人間認識の基礎』第二版〕

ところで注目すべきことは、呪術において構想力の活動はそれほど自由ではない。ユベルとモースは書いている、*「構想力の彷徨に対して供せられている自由に顧みて、この(可能な象徴の)数は反対に、ひとつの与えられた呪術にとって不思議に制限されているように見える。……呪術的構想力は極めて発明に乏しく、かくしてそれの考え出した少数の象徴は甚だ種々の用に供せられた、結びの呪術は愛、雨、風、呪詛、戦争、言語及び幾多の他のもののために使われる。この象徴の貧困はその夢が心理的には自由である筈《はず》の個人の事実ではない。しかしこの個人は、彼がそれを更改する気にならなかった儀礼や伝統的観念の前におかれている、しかし彼は伝統をしか信ぜず、そして伝統の外部においては信仰も儀礼も存在しないからである」。「呪術家の発明は自由でなく、彼の行動の手段は本質的に制限されている」。呪術的儀礼と呪術全体は何よりも伝統的事実である。反覆されない行為は呪術的でない。その効能をその全社会群が信じない行為は呪術的でない。儀礼の形式は輿論によって承認されたものである。かようにユベルとモースは伝統が呪術にとって重要性を有することを述べ、呪術の社会的制約を正当にも力説している。我々は技術の制度的性質について論じたが、呪術は技術に比して更に遥かに制度的なものであると云い得るであろう。呪術的行為には法的行為と技術と宗教的儀礼とが混合されていると云われるが、呪術が法的強制の体系に結び附けられるのは、それが制度的なものであることを示している。呪術が甚だ伝統的であることは疑われない、けれどもそのように伝統的な呪術も、もと構想力によって発明され、創造されたのでなければならぬ。しかるに進んで考えるならば、呪術の発明が構想力に基づくことはもちろん、その伝統もまた、すでに制度の項〔章〕において論じたところから明らかであるごとく、構想力を基礎としている。即ち構想力は一方創造の根柢であると共に他方伝統の根柢である。構想力の自由な活動が認められる一層高級の諸文化において、如何にして創造と伝統という相反するものの結合が可能であるかということ、伝統なしに真の創造はなく、創造なしに真の伝統はないというように考えることが如何にして有意味であるかということは、構想力の論理によって初めて十分に理解され得ることである。それは、心理学的に見れば、我々の構想力というものには記憶と想像(fantasy)との二つが含まれることに相応するであろう。それは、哲学的に云えば、構想力においては自然的なものと歴史的なものとが一つであり、時間的なものと空間的なものとが一つであるというところから説明されねばならぬ。

＊ Hubert et Mauss, Esquisse, p. 68 et p. 73.

四

さて上に呪術の法則として記したものに還って考えてみるに、それらが単に呪術の場合にのみ限られたものでなく、むしろ一般に象徴の論理とも云うべきものであることが知られるであろう。部分と全体との同一、模像と物との同一、類似と反対との同一等の関係は、すべての象徴の根柢に横たわっている。それのみでなく、ひとはそれらの法則の表すものが或る意味においては全く弁証法的な観念であることを認めねばならぬであろう。

錬金術士は、彼らにとって彼らの理論的反省の完全な定式であると思われ、彼らの処方書に前置することを好んだ一つの一般的原理を有した。それはこうである、「一は一切であり、そして一切は一のうちにある」、と。この原理はこうも言い表されている、「一は一切であり、そしてこのものによって一切は生まれた。一は一切であり、そしてもし一切が一切を含まなかったならば、一切は生まれなかったであろう」。ユベルとモースはこれを次のように説明した。*一切のうちにあるこの一切は世界のことである。ところで世界は、時には、唯一の生命体として考えられ、その諸部分は、その距離がどのようであるにしても、必然的な仕方で相互に連繋されている。一切がそこでは互いに類似し、また一切がそこでは互いに接触する。かような呪術的汎神論panthéisme magique は呪術の種々の法則の綜合を与えるであろう。もっとも錬金術士は、多分、形而上学的な哲学的な註釈をそれに与えるため以外には、この定式に固執しなかった。彼らはかえって、彼らがそれに並置する他の定式、即ち自然は自然に勝つ natura naturam vincit(10) 等々の定式に一層多く固執している。自然とは、定義によって、物のうちにと同時にその諸部分のうちに見出されるもの、言い換えると、接近の法則を基礎附けるものである、それはまた同じ種のすべての存在のうちに同時に見出され、そしてそこから類似の法則を基礎附けるものである、それは更に一つの物が反対の、しかし同じ類の他の物の上に作用を有するようになし、かくして反対の法則を基礎附けるものである。我々はここに、すでに記したごとく、ギリシアにおいては、呪術家が自然学者 *φύσικοι* という名を受けたことを想い起こすべきであろう。自然 *φύσις* は一種の物質的な、個物的ならぬ、転移し得る霊魂、物の一種の無意識的な叡智として規定されることができる。それは要するにマナに甚だ近いものであった。ユベルとモースに依れば、インドの汎神論の根本観念であるブラフマン brahman もマナのごときもの、呪力に類するものである。**

* Hubert et Mauss, Esquisse, pp. 71, 72.

** Op. cit., p. 117.

かようにして呪術の諸法則は一種の汎神論、いわゆる呪術的汎神論に綜合され、これを根柢としている。呪術の論理は汎神論と共に起《た》ちまた共に倒れる。そして逆に、すべての汎神論的思考は、それが一見如何に弁証法的であるにしても、本質的に呪術的であると云い得るであろう。呪術的汎神論あるいは魔術的観念論 Magischer Idealismus は、その代表者といわれるノヴァーリスにおいて見られるごとく、「構想力の魔術」 Magie der Einbildungskraft に基づいている。* ところで我々は構想力の論理を説くことによって哲学上において汎神論を支持しようとするものではない。汎神論の論理が構想力に属するにしても、それは構想力の論理の純粋な、本質的な形態であるのでなく、むしろそれの一つの転落形態である。呪術が技術に代わられねばならなかったように、呪術の哲学は技術の哲学に代わられねばならぬ。真の象徴の論理も呪術的ないし汎神論的であることができない。また弁証法といわれるものも汎神論的根柢においては真に弁証法的であり得ず、かえって弁証法から十分に区別されねばならぬ有機体説に過ぎないのである。呪術の根本概念を明らかにすることは汎神論の本性並びにその制限を明らかにすることに役立ち得ると思われる。そこで我々はなお特にこの見地から呪術の基礎を考えてみよう。

＊ Vgl. Egon Friedell, Novalis als Philosoph, 1904, S. 53ff.〔エゴン・フリーデル『哲学者としてのノヴァーリス』〕

まず考えられることは、そのような汎神論の根本概念が自然の概念であるということである。自然の概念そのものがもと呪術的なものを意味したと云われている。そこでは構想力はいわば自然のうちに沈んでいる。すべての汎神論は本質的に「自然哲学」である。自然哲学はミスティックの精神の中から生まれたとヨエルは述べているが、* かようなミスティックとは自然の中に沈んだ構想力であると考えられねばならぬであろう。それ故に汎神論から免れようとする限り、構想力の哲学は自然の哲学でなくて歴史の哲学でなければならない。しかしその場合、自然と歴史とが抽象的に対立させられるのでなく、かえって構想力の論理は、本来、自然と歴史とが一つであるところに考えられるのである。歴史が自然として見られるのでなく、むしろ自然が歴史のうちに見られねばならぬ。次に呪術的汎神論の根本概念は呪力 pouvoir magique の概念である(ここでまた *φύσις* と *δύναμις* という二つの観念の関係を想い起こすべきである)。呪力は「非人格的力」であり、しかしそれは機械力ではなくて神秘的力である。呪術は法則に関心するのでないように、また個物に関心するのでもない。そこではむしろ、特殊は一般に対して何ら対立するものでなく、部分として全体のうちに類化され、相互に神秘的な連繋をなしている。科学的精神は物の間の偶然の一致と必然の関係とを区別する。しかるに「未開人の意識にとっては偶然は存在せず、また存在し得ない。偶然は二つの項の間の未定の分離、肯定の延期を意味している。未開人の意識は懐疑と同様それを嫌うのである。偶然は懐疑の他の形態にほかならない」**。偶然を嫌い、懐疑を欲せず、批判的でなくて極端に肯定的な彼らの心理にとっては、個物と一般との間に対立は存せず、個物の独立性は認められない。一切は必然的に連続的である。かように個物の独立性を認めないということが汎神論の特徴である。普通に、科学は抽象的な一般法則を求め、個物の独立性を認めないと云われているけれども、実は、個物の独立性を認めるところから科学は出発しているのである。科学者の立てる法則は、もしそれに一致しない個々の現象が見出されるならば、これを契機としていつでも改変さるべく用意されている。一般に対して対立する特殊が科学的研究の発展の動力であると云うことができる。かように考えるとき、汎神論の有するように見える具体性は、それが個物の独立性の否定に終わる限りかえって抽象的であり、抽象的といわれる科学がむしろ具体的である。呪術の根柢には普遍的連繫の原理があるが、しかし科学のように特殊的連繫にまで降ってゆかない。そして呪術も特殊を重んずるに応じて科学的になった。即ち呪術は、一方それが特殊化されるに従って技術に近づいたように、他方それが「漠たる力」である呪力に頼ることなく、物の具体的な「性質」proprietas ――いわゆる秘密の功力 virtus occulta ――について思弁し観察するに従って科学に近づいたのである。共感の抽象的な法則を含む故に呪術は科学に比せらるべきであるのでなく、物の具体的な性質について研究した故に呪術に科学的性格が認められるのである。性質の概念のおかげで、呪術は科学的法則の端緒に、即ち限定された物の間に存在すると信ぜられる必然的な実証的な関係の真の端緒に達することができた。構想力の論理は、その呪術的形態から純化されるに応じて、個物の論理となる。呪術そのものを社会学的に見ても、呪術においては個人意識は集合意識のうちに吸収されている。科学の成立するためには個人意識の独立がなければならなかった。

* Vgl. Karl Joël, Der Ursprung der Naturphilosophie aus dem Geiste der Mystik, 1926.〔カール・ヨエル『神秘主義の精神からの自然哲学の起源』〕

** Essertier, Op. cit., p. 167.

もとより科学は呪術から直接に発達したのでない。科学は呪術よりも技術と結び附いている。しかし技術と科学との間に直線的な発達の関係が存在するかのように考えることも間違っているであろう。しかも科学の発達にとって構想力が重要な意味を有することを我々はすでにここで注意しておかねばならぬ。エッセルティエに依れば、科学の成立は三つの条件に負うている。* 第一の条件は、知性の活動に依る経験の予めの加工と分析である。第二の条件は、「生素な経験主義 empirisme brut から人間を解放したところの構想力の飛躍 saltus de l'imagination」である。そして第三の条件は、非人格的な集合的な思惟からの個人的な人格的な思惟の独立である。これらの個々の点について我々は次第に論究することになるであろう。呪術は技術のごときものであった。従ってそれは人間が環境に適応して生きてゆくために作られたものである。しかるにこの適応は呪術においては、ドゥラクロワの言葉を借りれば一種の「過敏適応」hyperadaptation である。** 欲望は全能の効力を有すると信ぜられる儀礼の手段に対して世界を強制する。従ってそこでは主観は実在に先廻りし、かような期待的な注意は幻覚的なイマージュを作り出す。さきに呪術の特徴として述べた力の観念と環境の観念との一致ということもそこから説明される。かくして呪術のうちには厖大な「経験の予料」anticipation de l'expérience があり、それが客観性を超える主観性の過剰として過敏適応と云われるのである。しかるに構想力に依る経験の予料は、単に呪術の場合においてのみでなく、文明人の日常の生活においてもつねに要求されている。とりわけ我々の棲息する社会的環境に急激な変化が生じつつある場合、この環境に適応するには我々は経験の予料を必要とする。そのとき環境はまさに経験の予料によって環境そのものとしてよりも環境のイマージュとして与えられ、環境に対する適応の仕方は多かれ少なかれ呪術的になる。また経験の予料は呪術のみでなく、科学にとっても重要な意味を有している。構想力に依る経験の予料として生まれるイマージュのために呪術は科学に近づき得ると云うことができる。そこに生素な経験主義からの構想力の飛躍があり、そこにイデが生まれ得るのである。空想的なもののうちに、背理的なもののうちにさえ、彷徨し得るということはすでに、人間の有する優越性である。それは恐らく人間の動物に対する最大の優越性でさえあるであろう。理性よりも構想力が人間と動物との最初の差異を形作る。動物は主として感覚の直接の印象のうちに生活している。これらの感覚の記憶像は弱くて消え易く、その生活にとって重要性を有しない。しかるに人間は現在の感覚の狭い世界のうちにのみでなく、彼の心が過去の感覚印象の生き生きとした形象の群によって絶えず訪れられる彼自身の広い世界のうちに生活している。人間が彼の人間的な閲歴を始めるのは、この覚めたる夢の広い不思議の国においてである。この覚めたる夢は多分その内容の多くを眠りの夢に負うているであろう。下級の動物の或るものも、人間と同様、眠りにおいて夢を有するように見える。けれども人間は恐らく彼の夢を記憶するということにおいて下級の動物とは異なっている。そして彼はそれを物語ることができ、そして物語ることによってそれに改良を加えることができる。眠りの夢にせよ覚めたる夢にせよ、それは物語られないでおくにしては余りに生き生きとしている、そして更に、それを物語ることは或る感情にいわば第二の印象と浮き彫りを与える。動物の場合には感情は感覚印象の世界の内部における行動のうちに第一次的表現を見出すに過ぎない、人間の場合には、恐れ、信頼、怒り、愛、憎み、好奇心、驚異等は、感覚印象の世界の内部における行動のうちに第一次的表現を見出すのみでなく、また夢の世界の冒険や行為のうちに第二次的な、そして劇的な表現を見出すのである。かような物語の愛に人間は最初多くのものを負うている。夢の世界についての物語を話しまた聴くことにおいて人間は考えることを学ぶ。夢の世界においては、彼らは感覚経験の世界の堅い事実から逃れて自由に動くことができ、彼らの能力を妨げられずに振る舞い、思いのままに形像を喚び起こし、結び附け、かようにしていわば遊戯において、後に感覚経験の世界の説明に適用されて構成的思惟の能力として現れる能力を教育するのである。「イデを全然持たないよりも間違ったイデを持つ方が優っている」(L. Weber, Le rythme du progrès, p. 196.〔ルイ・ウェーバー『進歩のリズム』〕)。工作人は工作人である限りイデに達しない。「道具の製作よりも神々の創造が思想の発展において決定的な出来事であった。知性の真の開幕、神話が、科学の到来を可能にした」、とエッセルティエは云っている。***しかしながら科学を含むのは呪術のみでなく、むしろ技術が科学と本質的に結び附いていると考えられるであろう。しからばただ呪術のみが、この神話的技術のみが構想力に関係し、技術自身は構想力に関係を有しないのであろうか。今や我々は本来の意味における技術に立ち入って、それと構想力との関係を究明しなければならぬ。

* Essertier, Op. cit., p. 49.
** H. Delacroix, La religion et la foi, p. 37.
*** Essertier, Op. cit., p. 46.

五

科学と技術との間に密接な関係が存在することは確かである。技術が科学を基礎とするのはもとより科学も技術的課題に刺戟されて発達した。科学の進歩が技術の進歩を可能にすると共に、技術の進歩が科学の進歩を可能にする。しかし両者の間に如何に密接な関係があるにしても、それらが直線的に結び附いていると考えることはできぬ。知性人 homo sapiens は工作人 homo faber から直接に出て来るものではない。科学と技術との間には一般に理論と実践との間におけるような対立がある。そして科学と技術という、一般に理論と実践という対立物を媒介するものは構想力である。技術から科学へ移るには構想力の媒介がなければならぬように、科学から技術へ移るにも構想力の媒介がなければならぬ。対立物の統一という弁証法的関係が考えられる根柢には構想力がなければならぬ。普通に弁証法といわれるものの根柢には構想力の論理がなければならず、前者は後者の追考である。論理の根柢には直観がなければならぬ。この直観は単に非合理的なものでなく、それ自身知的な、論理的な意味を含むものでなければならぬ。

技術から科学へ移るには構想力の飛躍がなければならぬことはエッセルティィエの論ずるごとくであろう。道具を使用する工人は、そのメカニズムを理解し、それから理論を作ることを求めているかというに、そうではない。「驚くべきことには、道具は、機械でさえも、工人をば、彼の手段によって実現された目的について、また特に新しい欲望を満足させるために経験に照らして彼の手続きを無限に変えるという人間の有する能力について、明瞭に意識するようにつねに強制しないのである。道具は工人と一つになっている、それは身体の器官の連続であり、このものの外部における投影である。工人はそれを延長された肢体のごとく使い、その構造に注意したり、その種々の部分が如何にしてその目的にかくもよく適合しているかを探求したりすることをほとんど全く考えないのである。その助けによって得られた労働は従ってなお自然的と見えることができる」*、とエスピナスは述べている。道具は工人にとって器官の「無意識的な投影」projection inconsciente であり、身体の連続である。機械は、もとより肢体の末端的部分の投影ではないが、「肢体を相互に且つ軀幹に結合し、それらを相互に運転することによって、それらに他の運動を排して一定の運動を行うようにさせる関節の投影」である。工作人は道具を彼の身体の延長のごとく使い、その構造や力学について反省することなく、甚だ永い間、機械学を知らない技術家であった。彼は彼の発明の巨大な射程を理解することなく、それを驚歎することも考えなかった。人類はその最初の機械を、それについて些少の高慢心をも抱くことなく、またそれから他のものを発明することを考えることもなしに、永い間使用した。道具の発明家は無名に止まり、もしくは急速に忘却の淵に沈んだ。彼らが彼らの仕事を実現するために使用した手段は多くの場合記憶に値しないように思われた。文化開発の英雄の神話は遅れて現れ、それとても、すべての発明が神話の名誉を得たわけではない。「技術は含蓄的に科学を含んでいる、しかしそれが感覚的経験に密着している限り、それは科学を生むようにはならない。この経験から、呪術は断然解放されている、しかしそれが現象の間に立てる気随な連絡は現象について真に実証的な知識を供することが決してできない。一言でいえば、前者は真理のうちにある、しかしそれは自由でない、後者は自由である、しかし永久に誤謬のうちにある」**、とエッセルティエは書いている。呪術が科学となるには経験に拘束されねばならぬように、技術が科学となるには構想力によって経験の束縛から自由にされねばならぬ。——ここに問題となってくる経験と構想力との関係は後に「経験」の項〔章〕において特別に考察されるであろう。——構想力の飛躍によって道具はイデーとなるのである。

* Alfred Espinas, Les origines de la technologie, 1897, p. 45.〔アルフレド・エスピナス『技術の起源』〕

** Essertier, Op. cit., pp. 144, 145.

しかしながら、技術が自由でなく意識的でないことは確かであるとしても、それは、エッセルティエの考えるごとく、技術が感覚的経験に密着し、直接の欲望の満足に止まっているためであろうか。道具が工作人によって彼の身体の延長のごとく使われ、道具を用いる労働が「自然的」と思われることは確かであるとしても、かように道具が使用されるためには、すでに道具が発明されて与えられているのでなければならぬ。そして道具の発明そのものは明らかに感覚的経験から生ずることができない。この発明には構想力が必要である。自然物がそのまま道具として利用される場合においてさえ、かような発見にはすでに構想力の飛躍がなければならぬであろう。そして発明された道具が無意識的に使用されるということは、技術の経験主義に基づくというよりもむしろ根本的には技術の制度的性質に基づいている。技術は習慣的になることによって技術の意味を有するのであり、かように習慣的になることによって道具は身体の一部となり、その労働は自然的となり得るのである。技術の進歩が非連続的であるということが注意されている。「実証的発明の秩序において顕著なことは、その非連続性である、無活動の、停頓の、また後退すらの長い間隔によって隔てられた或る時期における、その特発的な出現である」*。科学の進歩は連続的であると考えられる——

このこともなお制限を附して考えることを要するが——に対して、技術の進歩がかように著しく非連続的であるというのは、技術に本質的なものとしてすでに述べたその習慣的、伝統的、制度的性質に依るのである。技術と宗教との間に或る種の関係が存在したということもまた注意されている。最初の機械はしばしば神々に捧げられ、有用性のために使用される前に儀礼において神聖化されたようである。この事実は、人間の技術的発明のデモーニッシュな性格を物語ると同時に、かような宗教との結合が技術の制度化を確保したことを示している。科学が技術になるには構想力の媒介に依らねばならないのであるが、科学は技術になると共に自然的となる。イデーは構想力によっていわば自然の中から生まれ、そして構想力によってイデーはいわば自然に還るのである。自然と歴史とを繋ぐものが構想力である。天才は自然のごときものであると云われるのもこれに依るのである。

＊ Louis Weber, Le rythme du progrès, 1913, pp. 138–139.〔ルイ・ウェーバー『進歩のリズム』〕

ところで道具はエスピナスの云うごとく器官の無意識的な投影、延長された身体として主体に属している。しかしそれはもとより単に主体的なものでなく、他方どこまでも客体に属している。即ち道具は主観的であると同時に客観的である。ノワレが明瞭に分析しているように、「道具の固有性とその全く大きな重要性は、それが主体の部分であると同時にしかも客体であるところに存している」*。技術のうち根本的な意味における技術が道具を作る技術であるとすれば、技術の本質はかように主体と客体とを媒介することでなければならぬ。技術において、人間的なものは物体的になり、また物体は人間的にされる。身体の器官に依る活動が直接的であるに対して、道具に依る活動は媒介されたものである。道具は主観的にして客観的なものとしてすべての技術における主観的なものと客観的なものとを媒介することができる。技術において主観的なものと客観的なものとが媒介されるためには、すでに主観的にして客観的な道具が必要であると考えられるならば、かような道具がそれ自身また主観的なものと客観的なものとの媒介されたものとして作られるためには、その根柢にすでに主観的にして客観的な構想力がなければならぬと云われ得るであろう。この点が立ち入って考察すべき問題である。

* Ludwig Noiré, Das Werkzeug und seine Bedeutung für die Entwickelungsgeschichte der Menschheit, 1880, S. 107.〔ルートヴィヒ・ノワレ『道具とそれの人類の発展史にとっての意

味』〕

あらゆる技術にとって一つの根本概念は形 Form の概念である。技術によって作られたものはすべて形を有し、技術的活動そのものも形を具えている。形の見られる限り、技術が見られることができる。自然も技術的であると考えられるのは、すべて生命を有するものは形を有するところから考えられるのである。生物の形は進化論者が云うように生物の環境に対する適応として、それ故に主観的なものと客観的なものとの統一として生じたものと見られることができ、その限りそこに自然の技術が見られるのである。そして我々に依れば、かように形の見られるところに構想力の活動が見られ、構想力の論理とは形の論理である。構想力の哲学は無限定な空想に道を拓こうとするものでなく、かえって形という最も限定されたものに重心を有するのである。科学と技術との相違もまた、科学においても形が全く問題にならないのではないにしても、主としてこの点に懸かっている。科学的知識は技術において形とならなければならぬ。かような形の発見は構想力に基づいている。技術は科学を予想するといわれる、それは確かにその通りであるにしても、知識が形になるのでなければ科学は技術の中へ入らない。技術は科学の客観的な知識を前提すると共に人間の主観的な目的を前提するといわれる。技術は人間の意欲に物体的な形を与えるものである。それは物の客観的な因果関係を人間の主観的な目的に結合するものである。しかるにもし人間の欲望や意志が単に主観的なものであるとすれば、それは如何にして物の客観的な関係と結合され得るであろうか。その場合目的といわれるものは何らか形としてすでに客観的限定を含むものでなければならぬであろう。技術における目的原因はアリストテレスが考えたように εἶδος(形相)でなければならぬ。[11] 欲望や意志が形となるのでなければ、それは技術の中へ入ることができぬ。かように形となる欲望や意志がまさに構想力である。構想力において主観的なものは形となって主観から脱《ぬ》け出るのである。動物は身体の器官の奴隷であるが、人間は道具を支配しこれによって身体的な欲望の主人となることができる。科学の原理が因果論であるとすれば、意志の原理は目的論である。技術は物の客観的な因果関係と人間の主観的な目的とを綜合するものとして、エンゲルハルトの論ずるごとく、因果論と目的論との統一が技術の本質であると云い得るであろう。* 因果論と目的論とは如何にして調和し得るかという、古来最も困難とされた哲学的問題は、技術において現実的に解決されている。しかもこれを解決するものは悟性でもなく意志でもなく、かえって構想力である。目的論は単に因果論の逆であるのではない。技術における目的はエイドス(形相)でなければならぬ。しかもエイドスはアリストテレスの考えたように客観的に与えられたものでなく、発明家の構想力において生まれるものである。技術は創造的であり、技術によって世界は新しい形を獲得する。構想力の自由な産物が客観性を有するところに構想力の超越性が認められる。人間存在の超越性とは何ら神秘的なものでなく、彼の自由に作り出すものが全く客観的なものであるという明白な事実のうちに人間存在の超越性がある。構想力は決して単に主観的なものではない、かえって構想力の自由な作用において主観的なものは形となって主観から超出する。人間の技術的行為、意識の内部における現象に止まらないこの行為のうちにこそ、構想力の論理が認められるのである。因果論と目的論との統一のうちに、しかもこの統一が創造的であるというところに人間の自由は現実的に存在し得るとすれば、自由の問題も構想力を離れては考えられないであろう。自由の問題は創造の問題を離れては現実的でなく、創造とは単に意識の内部におけることではない。かような関係を一層明らかにするために、我々はなお形というものについて更に詳しく考えてみなければならぬ。

＊　Vgl. Viktor Engelhardt, Weltanschauung und Technik, 1922.〔ヴィクトル・エンゲルハルト

六

今日普通に形式論理と呼ばれている論理は元来決して単に形式的であったのでなく、むしろ我々のいう形の論理の一種であった。それは形を意味するイデアあるいはエイドスを実在と見たギリシアの存在論を地盤として成立したものである。このような形の論理がいわゆる形式論理とならねばならなかったのは、それがギリシア的存在論とは異なる存在論の地盤に移されたことと共に、形についての一定の哲学的見解に制約されている。従っていま形式論理とは異なる形の論理が考えられるのは、形についてギリシア哲学とは異なる見方がなければならないのに依るのである。

ギリシア哲学においては形は不変なもの、永遠のものと考えられた。プラトンに依れば、イデアは生じもせず滅しもせず、つねに「一にして同一」(*ἕν τε καὶ ταὐτόν*)である。(12) このように永遠に自己同一的な形の存在論が形式論理における同一律ないし矛盾律の根柢となっている。しかるにもし形が歴史的なもの、変化するものとしたならば、如何《いかが》であろう。すでに近代の進化論は種の変化を説くことによって形を永遠不変のものとする思想を覆した。種 species とはもと形を意味する。形の変化即ち transformation (Metamorphose) が歴史の根本概念である。形が生成し発展し、また消滅するということがなければ、歴史は考えられない。アリストテレスは事物を運動において見たが、形そのものが生成し消滅するとは考えなかった。[13] 形が変化するものとすれば、アリストテレス的論理は行き詰まらざるを得ないであろう。

形は一面、纏ったもの、動かぬものとして形である。形はどこまでも空間的なものである、空間的ということを除いて形は考えられない。しかし他面、形は生成し発展するものとして時間的なものである。もとより運動のみあって静止のないところに形はあり得ない。形はかえって生成と存在との、イデーと流動との統一である。形は時間的と同時に空間的なもの、空間的と同時に時間的なもの、動即静、静即動である。かようなものとして形は生きた形であり、歴史的なものである。形式論理が形の論理であるとすれば、弁証法も形の論理であると云うことができる。弁証法における範疇の転化は形の転化を現している。弁証法は歴史的な形の論理であり、歴史的な形は時間的即空間的、空間的即時間的という意味において弁証法的である。形式論理は形の論理であるといっても抽象的である。すべて生きた形は弁証法的なものとして無限の緊張を示しており、この緊張が生命にほかならない。形は生命の緊張を現し、生命の緊張は形を措いて何処《どこ》にも求められない。ベルグソンも生命は緊張であると述べている(14)が、彼の哲学の欠陥は生命を純粋流動と見て形というものについて考えていない点に懸かっている。

　ところで形が弁証法的なものとして変化するものとしたならば、形は元来単なるイデーのごときものであり得ないであろう。イデーは一つの形であるとしても、如何にして一つの形から他の形が弁証法的に生成し発展するかはその場合説明され得ない。形は弁証法的なものとしてイデーからというよりも物質からあるいは自然から生まれるものでなければならぬ。しかし形はもとより単なる物質でなく、物質と精神との、パトス的なものとロゴス的なものとの統一である。形はかようなものとして純粋な思惟に関わるのでなく、かえって構想力に関わるのでなければならぬ。言い換えると、形は元来イデであるよりもイマージュである。イデはむしろイマージュから思惟によって抽象され固定されたものと云われるであろう。形の論理はその根源において思惟の論理であるよりも構想力の論理でなければならぬ。形を永遠不変のものと見たギリシア哲学においてはイデアは純粋な思惟の対象と考えられた。しかし古典哲学にあってこのような思惟そのものが実は直観的な造形的な性質のものであったのである。*形の思惟が何らか直観的なものでないということは不可能である。思惟は近代合理主義の祖と称せられるデカルトにおいてさえ直観的なものであった。思惟と直観とを暴力的に分離するようになったのはアウフクレールング〔啓蒙〕の哲学の影響に基づいている。カントは、後に詳しく取り扱うごとく、その第一批判書において直観と思惟とを綜合するものとして構想力の統一を考えたが、やがて第三批判書におけるウォルフ学派にいう構想力の論理を判断力の批判として展開し、そしてそれがドイツ観念論の発展に大きな影響を与えた。ヘーゲルの弁証法は歴史的な形の論理と云うべきものであるが、この弁証法の直観的性質も注意されている。**弁証法がこのように直観的性質を含むのは、それがその根源において単なる思惟の論理でなくて構想力の論理であること、普通に考えられる弁証法は追考的弁証法であって——追考の重要性についてはあらためて問題にされるであろう——創造的弁証法でないこと、を示唆するものであり、この点について形の哲学であったゲーテの思想(15)にはかえって学ぶべきものが多い。ギリシアの古典的論理は形の論理であったが、プラトンにおけるイデアの認識は想起であるという説によって示されるごとく、それは創造の論理ではなかった。ヘーゲルの弁証法は形を歴史的なものと考えることによってギリシア的な形の論理を発展させたが、しかしそれも観想の立場に止まって実践の、創造的行為の立場に立っていないという制限を有している。これまで形の論理が構想力の論理と見られなかったことは、哲学が観想の立場を取って行為の立場に立たなかったことに関係している。芸術においても構想力が真に問題になったのは観照でなく創作に関してである。すべての行為が制作の、従って表現の意味を有し、形はかような行為において形成されるものであるとしたならば、形の論理は構想力の論理とならなければならぬであろう。

＊ 学者によって重要視されていないにも拘らず Walter Pater, Plato and Platonism〔ウォルター・ペイター『プラトンとプラトニズム』〕はこのような見地から見るとき興味が深い。すぐれた構想力なくしてプラトンの哲学は——その表現形式をも含めて——形成され得たであろうか。

＊＊ Vgl. Nicolai Hartmann, Die Philosophie des deutschen Idealismus, II. Teil: Hegel, 1929.〔ニコライ・ハルトマン『ドイツ観念論の哲学』第二部「ヘーゲル」〕

ヘーゲルの弁証法がもと単なる思惟の論理でなく生命の論理であったことはディル

タイなどによって明らかにされたことである。(16) 弁証法は何よりも生命の論理であるであろう。しかしながら弁証法は生命の論理であるといっても、生命が単なる流動であって形を作るものでないならば弁証法は考えられないであろう。生命は形を作るものとして技術的なものである。人間のみでなく自然も形を作るものである限り技術的であると見ることができる。人間は自然の為すことを継続するに過ぎぬと云うこともできるであろう。セアイユは芸術における天才を論じて、天才とは神秘的なものでなく、自然そのものが天才的であると述べている。*「思想は生命を継続する(la pensée continue la vie)、それはそのうちにしみ入るすべてのものを同化し組織する傾向を有する。それは身体の生命と同様に正しく『創造』と定義され得る」。天才を理解するにはこの創造的力をそのあらゆる段階において研究すれば好いのである。「一の根本法則が思想を生命に結び附ける、それは即ち、組織し、多を一に齎《もたら》し、また統一をばその周りにそれの整えることのできる諸要素を寄り集まらせることによって多様化する傾向、イマージュのうちにおける感覚の再生、イマージュのこれを実現する運動に対する内面的関係、である、天才を説明するためにはそれ以上の何物も要しない。芸術は精神におけるイマージュの生活の必然的帰結である」。天才は奇蹟であるどころか、内的生命の最も一般的な事実であるとセアイユは書いている。精神において自然を継続すると考えられるこのような創造的力は構想力であると云い得るであろう。リボーは発明家の構想力と本能とを類比的に考え、かくて彼に依れば本能は「創造的能力の一つの等価形態」(une forme équivalente de la faculté créatrice)にほかならない。しかもこの創造的能力は第一には生理的過程(胚子の発達)、第二には精神物理的過程(本能)、第三には心理的過程(創造的構想力)において現れると見做されたのである。**リボーは云う、「高次の、固有の意味で心理的な展相において、出発点は芸術家、学者、技師の主導的イデ、理想である。発達の機構は胚子あるいは本能のそれと同じである。母なるイデ(idée mère)が一纏めに現れるにせよ潜在的労作から結果するにせよ、原始的要素はつねに胚子や本能に何か類似したものである」。私はリボーやセアイユにそのまま同意しない。ただ彼らの意見によっても、構想力の創造的論理がすでに自然のうちにも働いていることが認められるであろう。自然的生命も技術的なもの、形を作るものと見られ得る限り構想力の論理に従っている。すべて生命を有するものは環境においてあり、環境に対する技術的な適応から生命は形を作る。本能も環境に対する生命の適応の一つの仕方であることは前に論じた通りである。技術が形を作るものである限り、技術を単に手段に過ぎぬもののように見ることはできないであろう。形は生命が自己自身に与えるものであり、これによって生命は生命であるのである。生命は環境から規定されるが、環境から規定されつつみずから形を作るところに生命の自律性が証せられるのである。アリストテレスの存在論の諸根本概念は技術によって作られたものから解明されていると解釈することもできるが、彼は形を先在的なものと考え、作られるもの、技術の過程そのものの中から生まれてくるものとは見なかった。

* Gabriel Séailles, Essai sur le génie dans l'art, Introduction, VIII-X.〔ガブリエル・セアイユ『芸術における天才論』〕

** 創造的構想力についての Ribot の講義の中から。Fr. Paulhan, Psychologie de l'invention, p. 166.〔フレデリク・ポラン『発明の心理学』〕に拠る。

すでに述べたように、自然も形を作るものとして技術的である。自然の歴史は形の変化 transformation の歴史であると云うことができる。生命的自然の有する形は主体と環境との適応の関係から作られるものである。人間の技術も根本において主体と環境との適応を意味している。技術によって人間は自己自身の、社会の、文化の形を作り、またその形を変じて新しい形を作ってゆく。文化はもとより人間的行為の諸形式も、社会の種々の制度も、すべて形である。人間の歴史も transformation（形の変化）の歴史である。自然史と人間史とは transformation の概念において統一される。その根柢に考えられるのは技術である。「技術は自然の作品を継続する」（La technique continue l'œuvre de la nature.）、とパコットは書いている。* すでにアリストテレスも、「およそ技術は一方において自然が仕遂げ得ないことを完成し、他方において自然を模倣する」（*ὅλως τε ἡ τέχνη τὰ μὲν ἐπιτελεῖ ἃ ἡ φύσις ἀδυνατεῖ ἀπεργάσασθαι, τὰ δὲ μιμεῖται.*）、と云っている。** 技術は身体の器官に、身体と類似の、しかし身体から独立な道具を附け加える、技術は自然が見棄てた点において宇宙の建築を再び取り上げるのである。しかもすべての技術にとって基礎であるのは我々の身体の運動であり、この身体そのものも元来技術的に形成されたものである。かようにして人間の技術は自然の技術を継続するとすれば、人間史と自然史とは、近代の人間主義的な考え方において抽象的に区別されたのとは反対に、統一的に把握されねばならぬ。

* Julien Pacotte, La pensée technique, 1931, p. 10.〔ジュリアン・パコット『技術的思考』〕
** Aristoteles, Physica II, 8.〔アリストテレス『自然学』〕

七

技術の本質は発明にあるといわれている。如何なる技術もその起原に遡って見れば発明であった。「発明」は「発見」と区別される。発見というのは discover, entdekken, découvrir という文字が表しているように、覆うているものを取り除くこと、隠れていたもの、知られなかったものを見出すことを意味している。発見されたものは新しいと云われるにしても、元来既にそこにあったものでなければならぬ、それはただ覆われていて発見される以前には我々に見えなかったのみである。これに反し発明というのは新しいもの、嘗て存在しなかったものを作り出すことを意味している。二つの場合ともに新しさが語られるにしても、発明は物を存在せしめるに対して発見は物を認識せしめるという区別がある。即ち発明は創造であり、発見は顕示である。*「発見は我々の知識に附加する、それは科学の領域に属している。発明は我々に新しい救い、新しい資源を与える、それは技術の領域に属している」。もっとも一般には二つの語は絶えず混同して使用されており、そしてそれは全く理由のないことではない。発見と発明とは相互に予想し合うのみでなく、一つのことが同時に発見と共に発明の意味を有する場合が多く、また発明も或る点では発見であり、発見も或る点では発明である。それにも拘らず両者は、科学と技術とが区別されるように、論理的には区別されることができる。発見されたものは元来既にそこにあったものと考えられるが、かように「既にそこにある」ということがすべて客体的なものの根本的性格であり、従って発見は客体的認識あるいは対象的認識について語られる。しかるに発明は生産に関わっている。認識なしに発明はなく、また発明は認識を伴うことは確かであるが、しかし発明は根本において生産ないし創造に属するものである。それ故に発明は行為もしくは実践の立場から捉えられることをそのものとして要求していると云わねばならぬ。嘗てライプニッツによって夢みられ、(17) 今日に至るまで余りに無視されてきた「発明の論理」とは如何なるものであろうか。

＊ Voir Joseph-Marie Montmasson, Le rôle de l'inconscient dans l'invention scientifique, 1928. XXXII–XXXVIII.〔ジョゼフ＝マリー・モンマッソン『科学的発明における無意識の役割』〕

形式論理といわれるものは対象的認識の論理である。かようなものとして既にそれは発明の論理であることができないであろう。ル・ロワの言葉を借りれば、「古典的な掟ては主として、ひとたび為された証明の正確さと厳密さとを検証するために、そこでひそかに製造された工場から出てから後の実験的ないし理論的商品を統制するために、如何なる方法を執らねばならぬかを教える」に過ぎない。* それは後からの規準を提供するのみである。発明の論理を明らかにするためには、これをその過程の運動そのものにおいて摑まなければならぬ。言い換えると、論議的思惟 pensée-discours が問題でなくて行動的思惟 pensée-action が問題なのである、或る批評的思惟 pensée critique が問題でなくて創造的思惟 pensée créatrice が問題なのである。しかるに行動的思惟もしくは創造的思惟は直観的であり、感覚性から離れたものでない。如何なる発明もつねに芸術作品の性格を有すると云うことができるが、しかしその心理もその論理も単なる享受の立場からは捉えられないものである。「すべての発明家は行動人であり、実際家である。彼の思考は、かりそめのエピソードによってでなければ、受動的に観照する耽美家あるいはイデオローグ的批評家のそれにほとんど全く類似しない」。** 彼は行動人のごとく思索する者である。彼は行動人のごとくでありながら彼の態度はどこまでも科学的である。しかし思索人である者が行動人のごとく思索するということは如何にして可能であろうか。思索と行動という相反するものが結び附くためには、構想力の媒介がなければならぬ。思索人が思索人でありながら行動人の立場に立って思索し、行動人が行動人でありながら思索人の立場に立って行動するということは、構想力の媒介によって可能である。ル・ロワも構想的直観は発明のあらゆる場合に必要であると云い、直観的イマージュがすべての発明の母なるイデであると述べている。「ひとはそれ(直観的イマージュ)をあらゆる真の創造の根源と終極とにおいて、分析の動力的原理としてあるいは綜合の完成として、見出す。それのみが実際に実現的である」。発明の途上には如何に比量的思惟が入り込まねばならぬにしても、その端初と終末とには構想力がある。私はもちろんル・ロワのベルグソニズムに全部賛成することができない。構想力はパトスとロゴスとを媒介するものとして発明の根源に立っている。そして構想力は形を作り出すものとして発明の終極に立っている。

＊ Édouard Le Roy, La pensée intuitive, II, Invention et vérification, 1930, p. 8.〔エドゥアール・ル・ロワ『直観的思考』第二巻『発明と検証』〕

＊＊ Loc. cit., p. 63.

固有な意味における技術即ち機械的道具の技術について三つの契機を区別することができる。まず自然法則の認識が予想されねばならぬ。自然法則に反してひとは如何なる技術も行うことができない。次に人間による目的の設定がなければならぬ。自然はその法則に従って如何に運動するにしてもそれ自身の中から道具のごときものを生じないのであって、我々は一見して自然的に在るものと技術によって作られたものとを判別することができる。技術は客観的法則と主観的目的との綜合である。しかし更にこのような綜合は物の実際の変化において実現されるのでなければならぬ。技術は物を現実に変化することによって一定の技術的な形を生産するのである。いまこれら三つの契機のうち、第一のものは客観的なもの、ロゴス的なもの、第二のものは主観的なもの、パトス的なものであるとすれば、技術は客観的なものと主観的なものとの、ロゴス的なものとパトス的なものとの綜合を求めるのである。この綜合は第三の点に至って一定の技術的な形において実現されるのであり、従って技術の問題は前にも云ったように形の問題である。この形はしかるに単にイデー的(ロゴス的)なものでなく、かえってその起原から知られるようにパトス的なものとロゴス的なものとの統一、主観的なものと客観的なものとの統一であり、かくして本来弁証法的なものであると云うことができる。この形の弁証法的性格は次の点からも理解されるであろう。技術の第一の契機として予想される自然法則の認識はその本性上理論的なものであり、それ故にまたその本質において一般的なものである。しかるにその第二の契機としての人間による目的の設定は実践的意味を有している。実践あるいは行為には一般的な実践、一般的な行為というものはなく、つねにただ個々の、具体的な、特殊的な実践あるいは行為があるのみである。かくして技術的な形は理論的なものと実践的なものとの統一、一般的なものと個別的なものとの統一を現すという意味において弁証法的なものと考え得るであろう。

デッサウエル〔デッサウアー〕は技術の問題が哲学的には形の問題であることを見た。そしてそこから彼は「技術の超越的本質」の思想に達している。* デッサウエルに依れば、技術の各々の一義的な問題に対して唯一つの最善の解決が存在するのみであるということは甚だ重要な事実である。例えば自転車は、初め様々な形のものが現れたが、完全になるに従って唯一つの形に統一されて行った。同じ目的に対する技術的構成が多様であり得るように見えるとすれば、その主なる原因は、目的が一見したほど一義的でないこと、あるいは解決がなお不完全であることに存するのである。自動車の種々のモデルはすべて同一の主要目的を有しているが、その副目的が異なっている。一人乗りの車もあれば、多人数のための車もあり、街の車もあれば、遠距離のための車もあり、オープンのものもあれば、そうでないものもある。けれどももしこれらすべての特殊的な構成に対して統一的な目的が確定されるならば、解決の数は遥かに限定されるであろう。実際、技術においてはこの種の努力が行われるのであって、タイプ化や規格化は目的並びに手段の多様性を減ずるという意味を有している。そこで推し詰めて考えれば、一つの完全に認識され従って限定された目的に対しては唯一つの最善の解決のみが存在するということになる。しかし一つの目的に対して完全に同価値の多数の材料が存在しないし、また多数の同価値の形も存在しないからである。およそ可能なる一切の一義的な技術的問題の最善の解決のかくのごとき単一性は、解決が可能性においては既に存在するということ、それ故に予定されているということを意味している。我々が解決を為すのでなく、我々はただその既に予定的に(prästabiliert)存在するものを見出すに過ぎない。技術的人間は予め与えられている形の可能的存在を経験的世界の現実に変えるのみである。そこにデッサウエルに依れば技術の超越的本質が認められる。即ち技術的な形は創造者(神)によって予定され、経験を超越して存在するものであると云われるのである。かように先験的に予定された、一義的な形の世界を、彼は「第四帝国」(18)と称している。それは、カントが三つの批判において確立しようとした理論理性の世界、実践理性の世界、判断力の世界に対して、独自の、第四の帝国を形作ると主張されるのである。ところで技術の問題が形の問題に関わること、またそれが何らかの意味において超越性の問題を含むことは承認されねばならぬとしても、デッサウエルのかくのごとき説は支持することができないと思う。もし技術的な形は予定的に存在し、発明家はそれを新たに作り出すのでなくて単にそれを見出すに過ぎないとしたならば、デッサウエルは如何にして技術の本質を特に「発明」と考え、「創造」とさえ称することができたのであろうか。すべての創造には「無からの創造」という意味がなければならぬ。イデー的な形が物質あるいは自然の中から出て来るというところがなければならない、ロゴス的なものがパトス的なものの中から生まれて来るというところがなければならない。また技術は超経験的に予定的に先在する形を見出すに過ぎないとしたならば、技術が歴史的なものであるということは考えられぬ。形は技術的行為に先立って存在するのでなく、この行為そのものにおいて形成されるのでなければならない。技術が第四帝国を形作るという思想も抽象的である。芸術的活動はもとより、理論的並びに実践的と呼ばれる活動も、即ち我々の一切の活動が表現作用の意味を有するということにまず注目することがかえって大切なのである。要するに、デッサウエルは技術が歴史的なものであること、技術的な形も歴史的なもの、弁証法的なものであることを理解していないのである。かような誤解を除き、しかも技術の超越性について理解するためには、出直して考えなければならぬ。

＊ Vgl. Friedrich Dessauer, Philosophie der Technik, Dritte Auflage 1933.〔フリードリヒ・デッサウアー『技術の哲学』第三版〕

考察の出発点はつねに、すべて生命を有するものは環境においてあるという事実である。あらゆる生活体はあらゆる場合において環境のうちに生活している。生物学者ホルデーンのごときは、外的環境のみでなく内的環境というものを考えている。＊また社会学者デュルケームのごときも、内的社会的環境というものについて語っている。＊＊そしてホルデーンの論ずるごとく、環境は生活体の構造のうちに表現され、且つ逆に生活体は環境のうちに表現されるという関係が存在している。すべての技術は主体と環境との作業的関係から生ずるのであり、かようにして形というものは技術的に作られるのである。工作的な、機械的な技術も、根本においてかくのごとき関係以外に出るものではない。すべて生命を有するものは技術的であるが、ただ人間のみは機械的な技術、言い換えると、身体の器官によるのでなく固有な意味において道具といわれるものを媒介とする技術を有している。器官の技術 Organtechnik に止まらないで道具的技術 Instrumentaltechnik を有するというのが人間の固有性である。これによって人間は欲望の奴隷であることなく知性的であり得るのである。人間の技術の特殊性は人間の存在の或る一定の特殊性に基づくのでなければならぬ。プレッスネル〔プレスナー〕等に従えば、人間的存在の特殊性は離心的 exzentrisch ということにある。(19) それは、人間は環境に対して、自己自身に対してさえも、距離の関係に立ち得るということを意味している。人間はつねに環境のうちにありながら環境と瞑合的に生きるのでなく環境から超越しており、同時に逆に環境は人間を超越している。人間は主体として環境から超越すると共に環境は客体として人間を超越したものとなる。主体への超越は同時に客体の超越である。ここに我々は超越の弁証法的性質に注目しなければならぬ。人間は主観的になることによって初めて物を客観的に眺め得ることとともなるのである。社会学者は、文化の進歩するに従って、個人は社会が自己に対する関係において「超越的」であるのを一層多く感ずる——これに反してオーストラリアの小種族の各員はその種族の文化の全体を自己において担っている——と述べている。この超越的な社会は、文明人はそれについて反省し、それを「対象」として次第に多く明瞭に認識するのである。物を客観的に知ることができるのは、物が我々に対して超越的であるからであり、物が超越的であるのは我々が主体として物から超越しているためである。歴史的に見ても、社会における個人の独立が科学の発達の原因となったのは、これに依るのである。もとより人間は環境から離れて生きてゆくことができぬ。環境から離れた人間は生きてゆくために再び環境と結び附かなければならない。しかるにこの結合は人間にとってもはや直接的に行われることができぬ。そこから主体と客体との媒介者として技術が生まれるのである。人間の技術は人間的存在の右のごとき超越性によって規定されている。

＊　Cf. J. S. Haldane, The philosophical basis of biology, 1931.〔ジョン・サンダースン・ホールデン『生物学の哲学的基礎』〕

＊＊　Voir É. Durkheim, Les règles de la méthode sociologique.〔デュルケーム『社会学的方

しかしこの際忘れてならないことは、人間的存在の超越性はその存在の全体において理解されねばならぬということである。人間が環境に対して距離の関係に立つということはもとより知的な意味を有している、知性はそこに根拠を与えられる。環境が我々にとって超越的であるということによって、我々は環境を対象的に、客観的に認識することができる、人間はロゴス的である。しかるに対象の超越は同時に人間の主体への超越である、超越は弁証法的である。人間的存在の主体的超越性は人間のパトスの性質をも規定する。人間はいわば精神においてのみでなく身体においても超越的である。人間はデモーニッシュである。デモーニッシュなものとは無限性の、超越性の性格を帯びた感性的なものである。技術が人間の知的性質に基づくことは言うまでもないが、それはまた人間のパトスの一定の性質、そのデモーニッシュな性質に基づいている。ソクラテスの知的技術も彼のデモーニッシュな性格なしには考えられないであろう。人間の生活はそのあらゆる活動において技術的であるのであって、単に経済的技術の領域にのみ限られていない。技術に対する人間の要求は普遍的である。プロメテウスの神話は技術のデモーニッシュな性質を語っているであろう。人間のパトスがデモーニッシュであるのは人間的存在の限りない窮迫を示すものであり、かくのごとき窮迫は、この存在がもはや環境と融合して生きることなく、環境に対して主観的に乖離していることに由来する。かような人間に根源的なパトスはニーチェのいう距離のパトスである。[20] 距離のパトスは何よりも戦士の心である。主体として環境から独立した人間は戦うことによって生きねばならぬ。かくして技術は人間にとって戦術の意味を有している。シュペングレル〔シュペングラー〕が技術を「生の戦術」と考えたのも、[21] 理由のないことではない。しかしながらシュペングレルは技術のパトス的性格、あるいはロゴスのパトス的性格を一面的に強調することにおいて間違っている。むしろパトスのロゴス的性格の理解されることが必要である。技術とはパトスとロゴスとを統一するものである。人間的存在の超越性はそのデモーニッシュな性格と共にその知性的な性格を規定している。そしてパトスとロゴスとを統一するものは構想力であり、構想力は形においていわばロゴスの勝利として、イデーの勝利として、この統一を完成するのである。パトスからロゴスを引き出してくるものが構想力である。構想力のZauberkraft（魔力）によってパトスからイデーは引き出されてくる。パトスもロゴスも人間的存在の超越性を示しているが、構想力もまたそうでなければならぬ。

構想力を単に内在的なものと考えることは間違っている。形はどこまでも超越的なものである。パトスとロゴスとは構想された形において和解するのであるが、この和解は歴史的弁証法的なものである。形そのものがどこまでも弁証法的なものであり、歴史的なものである。歴史は形から形への変化即ちメタモルフォーゼである。

八

すでに述べたごとく、自然史と人間史とは、技術を根柢として、形の変化 transformation の概念において統一されることができる。しかるに形の変化という立場から見るならば、これまで数学的自然科学に対して不当に軽視されていた記述的な科学に重要な意義が認められねばならぬ。近代においては数学的自然科学が科学的認識の理想とされ、記述的な科学は低い段階のものであり、数学的な説明的な科学に進むべきものであると考えられてきた。「歴史を科学に高める」という主張も同じ方向において考えられたのである。しかるにいま transformation の概念を根柢において自然史と人間史とを統一的に見る場合、記述的な科学のそれ自身の重要性が理解されるであろう。記述はもと形と形の変化に関わっている。技術は自然の作品を継続すると考えるとき、数学的自然科学の方法は自然科学においても偏重されることを許さない。技術は形と形の変化に関係している。従来の数学的自然科学の偏重は、科学の理念が技術から分離され、一般に実践的な、また歴史的な見方が欠けていたことに基づくのである。もとより技術は自然法則の認識、従って数学的自然科学を基礎にしている。近代技術の発達は近代科学の発達なしには考えられない。けれども技術と科学とは直接に同じでなく、科学の抽象的な一般法則を具体的な形に転化して外部に物を作るのが技術である。形の概念が技術において指導的である。しかし他方、この形が法則の認識を媒介として作られるということを忘れてはならない。ヘーゲルの論理はギリシアの形の論理を継続し、これに歴史の概念を導き入れたのであるが、彼の弁証法においては科学の媒介が不十分である。ヘーゲルの論理は数学的自然科学に結び附いたカントの論理を媒介とすることによって現実的になると云うことができる。技術的な形が自然法則の認識を媒介とするように、構想力の論理も近代科学の論理を媒介としなければならぬ。もっとも、形の論理としての構想力の論理は、法則を理念とする科学よりも技術の理念に従うものである。そしてそれは理由のあることである。科学の法則が抽象的であると云われるに反して、技術的な形はつねに具体的なものである。しかもそれは単に特殊的なものでなく、一般的なものと特殊的なものとの統一であり、法則と科学を自己のうちに止揚したがごときものである。また技術の領域は科学の領域よりも広いと考えられ、人間はそのあらゆる活動において技術的であって、少なくとも今日なお科学的に取り扱われていない領域においても技術的である。更に技術は科学よりも古い、技術は人類と共に古く、固有な意味における科学即ち近代科学の理念が現れる以前においても人類はつねに技術によって生活してきた。近代科学そのものも元来技術的要求から生まれたのであり、また技術的に利用されているのである。かようにして科学よりも技術に定位をとる形の論理としての構想力の論理は、人間文化にとって一層広い且つ一層根本的な論理であると云うことができる。

ところで技術は主体へ超越した人間の環境に対する戦として生まれる。シュペングレルの云うように技術は生の戦術である。けれども技術の戦闘的意味のみを一面的に強調することは正しくない。技術は単に戦闘の方法であるのでなく、かえって和解の方法である。自然から乖離した人間は技術を通じて再び自然と結合し、自然に還帰するのである。そこに我々は構想力そのものの弁証法的性質を理解しなければならぬであろう。

人間は技術によって自然を支配する。かような支配の欲望あるいはいわゆる権力意志は距離のパトスに、従ってまた人間の主体的な窮迫に基づくと云えるであろう。しかしながら支配は同時に協同を意味している。我々は自然と協同することなしには自然をも支配することができぬ。自然を支配しようとする者は自然に服従しなければならぬ。パトスはロゴス的にならなければならない。更に技術は人間の環境に対する適応の仕方にほかならない。技術は適応であるという意味においてすでに、単に戦闘の方法であるのでなく、同時に和解の方法である。戦うのは和解せんがためである。タルドに依れば、すべての発明は現象の適応を意味している。「発明――私のいうのは模倣さるべく定められているそれである、なぜなら発明家の精神のうちに閉じ込められているようなものは社会的には意味がないのであるから――発明は観念の調和であり、このものは人間の一切の調和の母である」*。個人的天才のうちにあらゆる社会的調和の真の源泉がある、と彼は云っている。社会学的に見ても、発明は、従って技術は、適応を、それ故に調和を意味している。しかしながらまた発明は調和の中から生まれるよりも矛盾の中から生まれるのである。すでに述べたごとくリボーは発明家の構想力は本能に類似すると云っているが、これについてポーランは、発明はなるほど本能を継続するけれども、他方本能に対立すると論じている。** 発明はもちろん精神の調和させる傾向の表現ではあるが、単にそれだけではない。それはほとんどつねに多かれ少なかれ暗々裡の闘争から結果する。そこにはもとよりつねに精神の組織化する本質的活動が見られると共にまた一般に本能並びに有機的生命とは明瞭に対立する諸要素の活動が見られ、まさにこの故にそこから出てくる発明は新しい状態として特徴附けられることができる、即ちその諸要素は互いに対立し、一般的な調和は何らかの闘争から結果するのである。天才あるいは発明的気質が不均衡もしくは錯乱、精神病学的状態に比較されるのはこれに依る、とポーランは云っている。ル・ロワも発明的思惟の動的性質を力説し、矛盾は発明の自然的な環境であると述べている。発明は矛盾の真中においてしか作用しない。矛盾律は疑いもなく論議のあらゆる論理の第一の原理である、しかし発明の論理にとってはそうではない、と彼は考えた。けだし発明はベルグソンの言葉を借りれば「つねに新たな状況に対するつねに新たにされた適合」の必要から、「余りに残酷な論理が実在の微妙さを押し潰すようなまさにその点における」知性の適用のうちに立ち止まる必要から生まれるのである。*** 発明はこのようにして弁証法的なものでなければならない。発明は矛盾の弁証法的調和であり、闘争であると同時に和解である。

＊　G. Tarde, Les lois sociales, p. 129.〔タルド『社会法則』〕
＊＊　Fr. Paulhan, Psychologie de l'invention, p. 167.
＊＊＊　Édouard Le Roy, La pensée intuitive, II, p. 13 et suiv., pp. 21–22.

しかし技術の弁証法的性質は進んで構想力の弁証法的性質そのものから理解されなければならない。先に云ったように、技術は人間の自然からの乖離から生まれると共に、技術によってまた人間は自然と結び附き、或る意味において自然に還る。タルドは社会の根本法則として模倣と発明とについて語っているが、(22) 発明と模倣とは技術の本性に、更に構想力そのものの本性に属している。技術は言うまでもなく発明である。しかしそれのみでなく、技術はつねに自己自身を模倣する傾向を具えている、言い換えると、技術は繰り返される、技術は習慣的になることによって技術の意味を有するのである。我々はすでに技術の制度的性質について述べた。そして制度と構想力との関係についてはまたすでに「制度」の項〔章〕において論じて来た。かようにして技術は発明としても習慣としても構想力に関わっている。しかも習慣的になるということは自然的になるということである。発明として現れた技術は習慣的になることによって自然に還るのである。技術が発明としてと共に習慣として構想力に関わるということは、構想力といわれるものが創造的であると共に記憶的であるということに基づいている（記憶はタルドも考えた通り模倣の一つの形式である）。それ故にタルドの説くように発明と模倣とが社会の根柢であるとすれば、社会的論理は構想力の論理であると云い得るであろう。構想力が創造的であると共に記憶的であることは弁証法的に統一的に把握されることが必要である。古代においては構想力は主として記憶の意味に理解された。これに反して現代においては特に構想力の創造的性質が力説されている。リボーを初め多くの学者はこのように主として創造的構想力について論じている。我々はしかし構想力が創造的であると共に記憶的であるという二重の意味を、且つこれを弁証法的統一において把握すべきであり、技術の本性はまさにそのことを要求しているのである。

さて人間の活動はそのあらゆる方面において技術的である。単に狭義における技術においてのみでなく、また芸術においてのみでなく、更に科学においても、政治はもとより道徳においても技術的である。それらの一々については後に至ってそれぞれの場合に考察しようと思う。単にいわゆる文化がすべて技術的であるのみでなく、人間の形成そのものが技術的である。真の文化人とは単に文化を作る人間でなく、彼の人間そのものが文化であるような人間のことでなければならぬ。「ひとは漸次に彼の人格を発明する、ひとは彼が芸術品あるいは科学を創造するのとまさに同様に自己自身を発明する」、とポーランは書いている。* まことにその通りである、しかし発明のみあって模倣のないところに人格は形成されない。それだからポーランも続けて書かねばならなかった、「我々の各人は一種の作品であり、その形成においては、戯曲あるいは詩の一片の発展におけるとまさに同様に、ルーティーヌ、模倣と発明とが、個人によって甚だ異なるが、それぞれの位置を占めている」。しかも模倣は単に他を模倣することに限られるのでなく、自己自身を模倣すること(習慣的になること)を意味するのでなければならぬ。発明が時間的であるとすれば、模倣は空間的である。形はもと時間的・空間的なものであり、人格も一つの形として発明と共に模倣によって形成されるのである。単に空間的と考えられるものは死んだ形であって生きた形ではない。生きた形は時間的であると共に空間的である、即ち弁証法的なものである。ところでポーランは更に、ひとはイデーを発明するのみでなく、印象をも感情をも発明する、と云っている。かようにしてもし一切が発明であるとするならば、技術のみでなく、技術に対する自然あるいはカントの意味における「経験」も発明されるのであろうか。もし経験も発明されると云われるとすれば、それは如何なる意味においてであろうか。ここにおいて我々は飜って経験と構想力との関係について考えてみなければならぬ。我々はカントの経験批判、またフィヒテの知識学などにおける構想力の意味を顧みつつ、次にこの問題に入って新たな出発点から考察を初め、哲学的論理としての構想力の論理の性質を一層明瞭にしたいと思う。

＊ Paulhan, Op. cit., p. 172.

注　解

（藤田正勝）

＊参考文献のページ数は、邦訳は漢数字で、欧文原著は算用数字で示す。
（カントの著作については原著第一版をAと、第二版をBと表記した）

序

（1）カント『純粋理性批判』「超越論的分析論」の第一編第二章「純粋悟性概念の演繹について」における叙述（A124）などを参照。

（2）三木は「ヘーゲルの歴史哲学」のなかでも、ヘーゲルの哲学を「観想的観念論」（kontemplativer Idealismus）と評している（『三木清全集』第二巻二一二頁）。

（3）西田幾多郎の「行為的直観」の概念を踏まえている。西田の論文「行為的直観」（『哲学論文集 第二』所収）などを参照。

（4）ベルクソンのエラン・ヴィタール（élan vital）を踏まえた表現であろう。

（5）三木は『技術哲学』（一九四二年）第一章第五節「科学と技術」において科学と技術との関係について論じている。

（6）テンニエスの『ゲマインシャフトとゲゼルシャフト――純粋社会学の基本概念』（一八八七年）を踏まえる。三木の「哲学ノート」（一九三九年）に「形の哲学とゲマインシャフト」という項目がある。

（7）西田幾多郎は「形而上学的立場から見た東西古代の文化形態」（一九三四年）において日本文化を念頭に置きながら、「情的文化は形なき形、声なき声である」と述べている。

第一章　神　話

（1）バウムガルテン（Alexander Gottlieb Baumgarten）は『美学』（*Aesthetica*）の第三一節において、恵まれた美的主体に求められる一般的性格として、「想像に対する自然的性向」（dispositio naturalis ad imaginandum）を挙げている。『形而上学』（*Metaphysica*）の第五五八節では、われわれが想像する能力、つまりphantasiaをもつことが言われており、また第五七〇節では、想像による思考に関する学は「想像力の美学」（aesthetica phantasiae）と呼ばれている。これらを踏まえたものであろうか。本書二六頁では三木は「バウムガルテンは想像の論理によって美学の基礎附けをした」と記している。

(2) フランスの心理学者リボー(Théodule Armand Ribot)の『感情の論理』(一九〇五年)を指す。

(3) ドイツの哲学者マイアー(Heinrich Maier)の『感情的思惟の心理学』(一九〇八年)を指す。

(4) たとえばアリストテレス『形而上学』第七巻第三章を参照。

(5) ヘーゲルは『精神現象学』の末尾において、精神がいまや「純粋な境地」を、つまり概念を獲得したことにより、以後、叙述は「学」に、具体的に言えば『論理学』に移るとしている。

(6) コント(Auguste Comte)が『実証哲学講義』などで提唱した、人間の精神は神学的、形而上学的、実証的な三つの段階を経て進歩するという説を指す。

(7) レヴィ・ブリュル『未開社会の思惟』(山田吉彦訳、岩波文庫、一九五三年)下一九八頁。

(8) ゲーテがチェコの生理学者プルキニェ(Jan Evangelista Purkyně)の『主観的な観点における視覚について』を論じた文章のなかに見える表現。ディルタイ(Wilhelm Dilthey)が「詩人の想像力と狂気」のなかでこの文章を引用し、そのようなゲーテの能力を「想像力(構想力)の原現象」と呼んでいる。

(9) 『オットー・ルートヴィヒ全集』(*Otto Ludwig's gesammelte Werke*)第一巻(一八七〇年)に付された「作家オットー・ルートヴィヒの書斎から」(S. 11)を参照。

(10) ボルツァーノ(Bernhard Bolzano)は『学問論』(一八三七年)などにおいて、命題は「表象」によって、しかも主観から独立した「表象自体」によって構成されると主張した。

(11) ディルタイの「詩人の想像力と狂気」、『ディルタイ全集』(*Wilhelm Dilthey Gesammelte Schriften*) Bd. 6, S. 92を参照。

(12) このあと引用されるブランシュヴィック(Léon Brunschvicg)の *Les ages de l'intelligence* (1934)を参照。

(13) レヴィ・ブリュルは『未開社会の思惟』のなかでフィリピン群島のイグロット族の「あらゆるものは目に見える生と同じく、目に見えない生を持つ」という言葉に言及している(上五三頁)。

(14) クロイツァー(Georg Friedrich Creuzer)はドイツの文献学・考古学者。『古代の民族、とくにギリシア人の象徴と神話』などの著作がある。

(15) メーヌ・ド・ビラン『人間学新論　内的人間の科学について』(増永洋三訳、晃洋書房、二〇〇一年)一九〇頁参照。

(16) ブランシュヴィック(Léon Bruschvicg)『知性の年齢』(*Les âges de L'intelligence*, 1934) p. 24参照。

(17) トゥタン(Jules Toutain)の『古代宗教の神話と歴史新研究』(*Nouvelles études de mythologie et d'histoire des religions antiques*, 1935)参照。

(18) ゲーテは一八一八年四月二日付のシューバルト(Carl Ernst Schubarth)宛書簡でこのように記している。『ファウスト』第二部第五幕「山峡」の最後の「神秘の合唱」の「すべて無常のものは／ただ映像(Gleichnis)にすぎず」という表現を参照。

(19) Georges Sorel, *Réflexions sur la violence*, 6. ed., Paris, 1925, p. 45. ただしこの言葉は、三木も記しているように、ニューマン(John Henry Newman)の『同意の文法』(*An Essay in Aid of a Grammar of Assent*)から採られたものである。

(20) 「生産的構想力」と「再生的構想力」については、カント『純粋理性批判』(第一版)の「超越論的分析論」第二章「純粋悟性概念の演繹について」の第三節「対象一般に対する悟性の関係と対象をアプリオリに認識する可能性について」を参照。

(21) ヴィーコ(Giambattista Vico)の『新しい学』第二巻「詩的知恵」を参照。

(22) マルクス『資本論』第三部第四編第一六章「商品取引資本」を参照。

(23) アリストテレス『政治学』(1253a)参照。

(24) スタンダールは『恋愛論』(*De l'Amour*)のなかで、恋愛感情が生まれるときに生じる「結晶化」(cristallisation)の作用について論じている。

(25) 『ファウスト』第二部第一幕「暗い廊下」参照。三木は「ゲーテに於ける自然と歴史」(『三木清全集』第二巻所収)のなかで「まことに母たちという語はゲーテの根本思想を表わすに最もふさわしい」と記している。

(26) ヘーゲル『論理学』「序論」「論理学の一般的概念」(Hegel: *Werke in zwanzig Bänden.* Bd. 5. *Wissenschaft der Logik.* I. S. 44) 参照。
(27) エーゲ海にあるギリシア領の島。ギリシア神話に登場する農耕・豊穣の神々であるカベイロイの密儀が行われたことで知られる。
(28) シェリング『人間的自由の本質とそれに関連する諸対象についての哲学的探究』、『シェリング著作集』4a巻(新装版、文屋秋栄、二〇一八年)一〇五頁。
(29) ニーチェ『悲劇の誕生』「音楽の精神からの悲劇の誕生」第二三節。
(30) アウグスティヌス『告白』第一〇巻一七章。
(31) プラトン『ティマイオス』37D参照。
(32) ヴァレリー「神話に関する小書簡」、Paul Valéry, *Œuvres*, édition établie et annotée par Jean Hytier, Gallimard, 1957–1960, t. 1, p. 963.
(33) ベルクソン『精神のエネルギー』、『ベルグソン全集』(渡辺秀訳、白水社、一九六五―一九六六年)第五巻一二二頁。
(34) 『ベルグソン全集』第五巻一一五頁参照。
(35) たとえば『パイドロス』(藤沢令夫訳、『プラトン全集』岩波書店、第五巻)の「魂は全体として、魂なきものの全体を配慮し、時によりところによって姿を変えながら、宇宙をくまなくめぐり歩く。その場合、翼のそろった完全な魂は、天空たかく翔《か》け上って、あまねく宇宙の秩序を支配するけれども、しかし、翼を失うときは、何らかの固体にぶつかるまで下に落ち、土の要素から成る肉体をつかまえて、その固体に住みつく」(246B-C)といった箇所を参照。

第二章　制　度

(1) たとえば「マタイによる福音書」第五章四六—四八節、「ガラテヤ人への手紙」第三章二六節などを参照。

(2) マクドゥーガルはイギリス生まれの心理学者。アメリカに渡り、デューク大学などの教授を務めた。『社会心理学入門』(一九〇八年)などで、人間の社会的行動を「本能」から説明しようと試みた。

(3) 『創造的進化』、『ベルグソン全集』第四巻(松浪信三郎・高橋允昭訳、白水社、一九六六年)二〇二頁参照。

(4) アリストテレス「記憶と想起について」、『自然学小論集』451b 参照。

(5) 『創造的進化』、『ベルグソン全集』第四巻一九四頁参照。

(6) ラヴェッソン(Félix Ravaisson)の『習慣論』(野田又夫訳、岩波文庫、一九三八年)七二頁。

(7) ラヴェッソン『習慣論』七二頁。序でながら、西田幾多郎も「行為的直観の立場」(一九三五年)のなかでこの『習慣論』について「習慣について洞察に富んだ美しい考と云はざるを得ない」と評している。

(8) ブートルー(Émile Boutroux)の『自然法則の偶然性』(野田又夫訳、創元社、一九四五年)一六〇頁以下、一六五頁以下参照。

(9) タルド(Jean-Gabriel de Tarde)の『社会法則』(*Les lois sociales*, 1898)p. 106 参照。

(10) タルドの『社会法則』p. 128 参照。

(11) タルド『模倣の法則』(*Les lois de l'imitation*, 1890)p. 83 参照。

(12) ライプニッツの『モナドロジー』第二一節などを参照。

(13) プフタ(Georg Friedrich Puchta)はドイツのローマ法の研究者。プフタの『慣習法』(*Das Gewohnheitsrecht*)二巻(1828–1837)を参照。

(14) ストバイオス(Joannes Stobaeus)の『精華集』に次の言葉が引かれている。「理知を伴って語ろうとするならば、すべてのものに遍きものによって強固にしなければならないのは、あたかも国家(ポリス)が法によって強固にしなければならないのと同様で、しかも、はるかに強力にそうすることを要する。なぜならば、人間界の法はすべて、神の唯一なる法によって養われているからである。すなわち神の法は欲する限りのものを支配し、すべてのものに及んで、なおそれを凌駕しているのである」ディールス・クランツ編『ソクラテス以前哲学者断片集』第一分冊(内山勝利ほか訳、岩波書店、一九九六年)三四二頁。「人間界の法」がノモスに、「神の法」がピュシスにあたる。

(15) 本書一二〇頁参照。

(16) ベルクソン『道徳と宗教の二源泉』第一章「道徳的責務」の「閉じられた道徳と開かれた道徳」の項を参照(『ベルグソン全集』第六巻、中村雄二郎訳、白水社、一九六五年、六九頁以下)。

(17) アメリカの社会学者サムナー(William Graham Sumner)の『習俗論』(*Folkways*, 1907) p. 35からの引用。

(18) シミアン(François Simiand)はデュルケーム学派に属する経済社会学者。『歴史総合評論』(一九〇三年)に発表した「歴史の方法と社会科学」(Methode historique et science sociale)を参照。同誌p. 87.

(19) デュルケーム『宗教生活の原初形態』(*Les formes élémentaires de la vie religieuse*, 1912) p. 602参照。

(20) 『ディルタイ全集』(*Wilhelm Dilthey Gesammelte Schriften*) Bd. 19, S. 153, 176などを参照。

(21) 『ディルタイ全集』Bd. 7, S. 8などを参照。

(22) 本書一〇七頁参照。

(23) 本書一二〇頁参照。

(24) ニーチェ『人間的な、あまりに人間的な』第三二節参照。

(25) ヘーゲル『精神現象学』「序文 学的認識について」、『論理学』第三巻「主観的論理学または概念論」第二編「客観性」第三章「目的論」の「実現された目的」、『エンチュクロペディー』第一編「論理学」第二〇九節、『歴史哲学』「序論」B「世界史における精神の規定」の「理念の現実化の手段」の箇所などを参照。

(26) ヴァレリー「『ペルシア人の手紙』への序文」(Préface aux Lettres persanes)、『ヴァレリー全集』(*Œuvres de Paul Valery*) Tome 4, 1934, p. 109.

(27) クーリー(Charles Horton Cooley)はアメリカの社会学者。『社会組織論』(一九〇九年)などで個人と社会、個人と制度との関わりについて論じている。

(28) 『ヴァレリー全集』Tome 4, p. 110.

(29) サムナー『習俗論』(*Folkways*, 1907) p. 54.

(30) 同書 p. 54.

(31) ラヴェッソン『習慣論』四〇頁参照。

(32) タルド『模倣の法則』(*Les lois de l'imitation*, 1890) p. 83.

(33) ブラシェ(Albert Brachet)はベルギーの医学者(発生学者)。ブラシェの『形の創造的生命』(*La vie créatrice des formes*, 1927)を参照。

（34）デューイ『人間性と行為』（*Human Nature and Conduct*, 1922）第一部第一章「社会的機能としての習慣」などを参照。

（35）ラヴェッソン『習慣論』三二頁参照。

（36）同書三二頁参照。

（37）デューイ『人間性と行為』p. 67 参照。

（38）スゴン（Joseph Segond）『心理学概論』（*Traité de psychologie*, 1930）p. 42 参照。

（39）『創造的進化』、『ベルクソン全集』第四巻二〇三頁などを参照。

（40）ジャッド（Charles Hubbard Judd）の『社会制度の心理学』（*The psychology of social institutions*, 1926）第二章「道具意識」を参照。

（41）モンテスキュー『法の精神』第三部を参照。

（42）本書一八七頁参照。

（43）ジャッド『社会制度の心理学』Chapter 1, p. 1 参照。

（44）イェーリング『法における目的』（*Der Zweck im Recht*）第一巻（第二版、一八八四年）S. 331 参照。

（45）サムナー『習俗論』（*Folkways*, 1907）p. 35.

（46）本書一四四頁参照。

（47）アリストテレスは技術の本質を「技術は自然を模倣する」（『自然学』194a）という言葉

で言い表したが、他方、『動物部分論』や『動物発生論』、『動物進行論』、『天体論』、『政治学』などでくり返し「自然は無駄なものはつくらない」と記し、『動物部分論』(645a)では、「造化の自然は、原因を認識しうる人々や生まれながらの哲学者たちには、いいしれぬ楽しみを与える……われわれが動物の姿を見て喜ぶのは、そこに現われた、絵画や彫刻のような造形技術をも同時に見るからで……」(『アリストテレス全集』第八巻、島崎三郎訳、岩波書店、一九六九年、二八二頁)とも記している。

(48) ヨーロッパ中世のスコラ哲学者やルネサンスの哲学者たちによって用いられた概念。スピノザは『エチカ』のなかで、すべてのものの内在的原因である神を能産的(産出的)自然と呼び、そこから生まれるものを所産的自然と呼んでいる。

第三章　技　術

(1) ゾンバルト(Werner Sombart)は以下で引用されているドイツ社会学者会議での発表「技術と文化」のなかで、技術を「ある目的を達成するための手段の機構全体」と定義し、そのなかに ars amandi も入るとしている(*Verhandlungen des Ersten Deutschen Soziologentgages*, 1911, S. 63–64.)。

(2) ヴェブレン(Thorstein Veblen)『職人の本能と産業技術の発展』(*The instinct of work-*

manship, and the state of industrial arts, 1914) p. 257.

（3）post hoc ergo propter hoc, つまり「前後即因果の誤謬」のこと。呪術的な思考にしばしば見られる。

（4）デモノロジー（demonology）は悪魔の表象、物語、研究。

（5）自然現象やさまざまな事物、人間などに宿るとされる超自然的な力。イギリスの民族学者コドリントン（Robert Henry Codrington）が『メラネシア人』（一八九一年）のなかで用いた概念。

（6）フレーザー（James Frazer）『金枝編』（*The golden Bough*, 1922）p. 12参照。

（7）Eidetikとは過去の知覚を直観像として再現する能力であるが、ここでは主観的なものと客観的なものが一体になった心像をもつ能力。Eidetikerはそのような能力をもちうる人間のこと。エッセルティエ（Daniel Essertier）のimage eidétiqueについては、『説明の下級の形式』（*Les formes inférieures de l'explication*, 1927）p. 84などを参照。

（8）ディルタイ「詩人の構想力と狂気」、『ディルタイ全集』（*Wilhelm Dilthey Gesammelte Schriften*）Bd. 6, S. 96参照。

（9）ヘーゲルは『エンチュクロペディー』の「緒論」第二節において、「追思考（Nachdenken）」を、「思想そのものをその内容とし、それを意識へともたらす反省する思惟」と規定している。

(10) natura naturam amplecitur（自然は自然自身を抱擁する）などとともに、中世ヨーロッパの錬金術でよく用いられた格言。
(11) アリストテレス『形而上学』1032a-b などを参照。
(12) プラトン『パイドン』78D,『パルメニデス』135C,『国家』479A などを参照。
(13) アリストテレス『自然学』251a-b 参照。
(14)『創造的進化』、『ベルグソン全集』第四巻二二九―二三〇頁などを参照。
(15) ゲーテの「形態学」や「植物のメタモルフォーゼ」をめぐる諸論考を参照。
(16) たとえばディルタイは『ヘーゲルの青年時代』(*Die Jugendgeschichte Hegels*)のなかで、ヘーゲルが彼自身の哲学の構築を始めたとき、「歴史的な生への新しい洞察」がそこに開かれたこと、そしてこの「歴史的世界の内面性に沈潜した」点にこそ、ヘーゲルがヨーロッパの学問に対して行った最大の貢献があることを述べている。『ディルタイ全集』Bd. 4, S. 157.
(17) ライプニッツが「結合術」(ars combinatoria)、つまり、思惟のアルファベットと呼ばれる単純概念に対応する記号を使ってあらゆる発見を可能にするシステムを作りだそうと構想していたことを指すと考えられる。なおライプニッツは「普遍数学の新原理」(Elementa Nova Matheseos Universalis)のなかで「構想力の論理学」(logico imaginationis)について語っている。

(18) デッサウアー(Friedrich Dessauer)『技術哲学』(*Philosophie der Technik*, 1928) S. 50.

(19) プレスナー(Helmuth Plessner)『有機的なものの諸段階と人間』(*Die Stufen des Organischen und der Mensch*, 3. Aufl. 1975) S. 292 参照。三木は『哲学的人間学』においてもプレスナーに言及している。『三木清全集』一八巻二五五頁。

(20) ニーチェ『善悪の彼岸』第九章や『道徳の系譜』第一論文第二節、第三論文第一四節などを参照。

(21) シュペングラー(Oswald Spengler)の『人間と技術』(*Der Mensch und die Technik*)第一論文「生の戦術としての技術」を参照。

(22) 本書一四三頁以下参照。

構想力《こうそうりょく》の論理《ろんり》 第一 〔全2冊〕

2023年5月16日 第1刷発行

著 者 三《み》木《き》 清《きよし》

発行者 坂本政謙

発行所 株式会社 岩波書店
〒101-8002 東京都千代田区一ツ橋 2-5-5
案内 03-5210-4000 営業部 03-5210-4111
文庫編集部 03-5210-4051
https://www.iwanami.co.jp/

印刷・理想社 カバー・精興社 製本・中永製本

ISBN 978-4-00-331492-0 Printed in Japan

読書子に寄す

——岩波文庫発刊に際して——

岩波茂雄

真理は万人によって求められることを自ら欲し、芸術は万人によって愛されることを自ら望む。かつては民を愚昧ならしめるために学芸が最も狭き堂宇に閉鎖されたことがあった。今や知識と美とを特権階級の独占より奪い返すことはつねに進取的なる民衆の切実なる要求である。岩波文庫はこの要求に応じそれに励まされて生まれた。それは生命ある不朽の書を少数者の書斎と研究室とより解放して街頭にくまなく立たしめ民衆に伍せしめるであろう。近時大量生産予約出版の流行を見る。その広告宣伝の狂態はしばらくおくも、後代にのこすと誇称する全集がその編集に万全の用意をなしたるか。千古の典籍の翻訳企図に敬虔の態度を欠かざりしか。さらに分売を許さず読者を繋縛して数十冊を強うるがごとき、はたしてその揚言する学芸解放のゆえんなりや。吾人は天下の名士の声に和してこれを推挙するに躊躇するものである。このときにあたって、岩波書店は自己の責務のいよいよ重大なるを思い、従来の方針の徹底を期するため、すでに十数年以前より志して来た計画を慎重審議この際断然実行することにした。吾人は範をかのレクラム文庫にとり、古今東西にわたって文芸・哲学・社会科学・自然科学等種類のいかんを問わず、いやしくも万人の必読すべき真に古典的価値ある書をきわめて簡易なる形式において逐次刊行し、あらゆる人間に須要なる生活向上の資料、生活批判の原理を提供せんと欲する。この文庫は予約出版の方法を排したるがゆえに、読者は自己の欲する時に自己の欲する書物を各個に自由に選択することができる。携帯に便にして価格の低きを最主とするがゆえに、外観を顧みざるも内容に至っては厳選最も力を尽くし、従来の岩波出版物の特色をますます発揮せしめようとする。この計画たるや世間の一時の投機的なるものと異なり、永遠の事業として吾人は微力を傾倒し、あらゆる犠牲を忍んで今後永久に継続発展せしめ、もって文庫の使命を遺憾なく果たさしめることを期する。芸術を愛し知識を求むる士の自ら進んでこの挙に参加し、希望と忠言とを寄せられることは吾人の熱望するところである。その性質上経済的には最も困難多きこの事業にあえて当たらんとする吾人の志を諒として、その達成のため世の読書子とのうるわしき共同を期待する。

昭和二年七月

《日本思想》〔青〕

- 風姿花伝（花伝書）　世阿弥／野上豊一郎・西尾実 校訂
- 五輪書　宮本武蔵／渡辺一郎 校注
- 葉隠 全三冊　山本常朝／和辻哲郎・古川哲史 校訂
- 養生訓・和俗童子訓　貝原益軒／石川謙 校訂
- 貝原益軒 大和俗訓　石川謙 校訂
- 町人嚢・百姓嚢・長崎夜話草　西川如見／飯島忠夫・西川忠幸 校訂
- 日本水土考・水土解弁・増補華夷通商考　西川如見／飯島忠夫・西川忠幸 校訂
- 蘭学事始　杉田玄白／緒方富雄 校註
- 吉田松陰書簡集　広瀬豊 編
- 島津斉彬言行録　牧野伸顕 序
- 塵劫記　吉田光由／大矢真一 校注
- 兵法家伝書 付 新陰流兵法目録事　柳生宗矩／渡辺一郎 校注
- 長崎版 どちりな きりしたん　海老沢有道 校註
- 南方録　西山松之助 校注
- 仙境異聞・勝五郎再生記聞　平田篤胤／子安宣邦 校注
- 茶湯一会集・閑夜茶話　井伊直弼／戸田勝久 校注
- 新訂 海舟座談　巌本善治 編／勝部真長 校注
- 西郷南洲遺訓 附 手抄言志録及遺文　山田済斎 編
- 文明論之概略　福沢諭吉／松沢弘陽 校注
- 新訂 福翁自伝　富田正文 校訂
- 学問のすゝめ　福沢諭吉
- 福沢諭吉教育論集　山住正己 編
- 福沢諭吉家族論集　中村敏子 編
- 福沢諭吉の手紙　慶應義塾 編
- 日本道徳論　西村茂樹／吉田熊次 校
- 新島襄の手紙　同志社 編
- 新島襄 教育宗教論集　同志社 編
- 新島襄自伝 —手記・紀行文・日記　同志社 編
- 近時政論考　陸羯南
- 日本の下層社会　横山源之助
- 中江兆民 三酔人経綸問答　桑原武夫・島田虔次 訳・校注
- 中江兆民評論集　松永昌三 編
- 憲法義解　伊藤博文／宮沢俊義 校註
- 日本開化小史　田口卯吉／嘉治隆一 校訂
- 新訂 蹇蹇録 —日清戦争外交秘録　陸奥宗光／中塚明 校注
- 茶の本　岡倉覚三／村岡博 訳
- 新撰讃美歌　植村正久・奥野昌綱・松山高吉 編
- 武士道　新渡戸稲造／矢内原忠雄 訳
- キリスト信徒のなぐさめ　内村鑑三
- 余はいかにしてキリスト信徒となりしか　内村鑑三／鈴木範久 訳
- 代表的日本人　内村鑑三／鈴木範久 訳
- 後世への最大遺物・デンマルク国の話　内村鑑三
- 宗教座談　内村鑑三
- ヨブ記講演　内村鑑三
- 足利尊氏　山路愛山
- 徳川家康 全二冊　山路愛山
- 豊臣秀吉 全二冊　山路愛山
- 妾の半生涯　福田英子
- 三十三年の夢　宮崎滔天／島田虔次・近藤秀樹 校注
- 善の研究　西田幾多郎

思索と体験　西田幾多郎
続思索と体験・『続思索と体験』以後　西田幾多郎
西田幾多郎哲学論集 Ⅰ —場所・私と汝 他六篇　上田閑照編
西田幾多郎哲学論集 Ⅱ —論理と生命 他四篇　上田閑照編
西田幾多郎哲学論集 Ⅲ —自覚について 他四篇　上田閑照編
西田幾多郎歌集　上田薫編
西田幾多郎講演集　田中裕編
西田幾多郎書簡集　藤田正勝編
帝国主義　幸徳秋水　山泉進校注
麺麭の略取　クロポトキン　幸徳秋水訳
基督抹殺論　幸徳秋水
日本の労働運動　片山潜
吉野作造評論集　岡義武編
貧乏物語　河上肇　大内兵衛解題
河上肇評論集　杉原四郎編
西欧紀行 祖国を顧みて　河上肇
中国文明論集　宮崎市定　礪波護編

中国史 全二冊　宮崎市定
大杉栄評論集　飛鳥井雅道編
女工哀史　細井和喜蔵
奴隷 —小説・女工哀史1　細井和喜蔵
工場 —小説・女工哀史2　細井和喜蔵
初版 日本資本主義発達史 全二冊　野呂栄太郎
谷中村滅亡史　荒畑寒村
遠野物語・山の人生　柳田国男
木綿以前の事　柳田国男
こども風土記・母の手毬歌　柳田国男
海上の道　柳田国男
蝸牛考　柳田国男
野草雑記・野鳥雑記　柳田国男
孤猿随筆　柳田国男
婚姻の話　柳田国男
都市と農村　柳田国男
十二支考 全二冊　南方熊楠

津田左右吉歴史論集　今井修編
特命全権大使 米欧回覧実記 全五冊　久米邦武編　田中彰校注
日本イデオロギー論　戸坂潤
明治維新史研究　羽仁五郎
古寺巡礼　和辻哲郎
風土 —人間学的考察　和辻哲郎
和辻哲郎随筆集　坂部恵編
倫理学 全四冊　和辻哲郎
人間の学としての倫理学　和辻哲郎
日本倫理思想史 全四冊　和辻哲郎
宗教哲学序論・宗教哲学　波多野精一
「いき」の構造 他二篇　九鬼周造
九鬼周造随筆集　菅野昭正編
偶然性の問題　九鬼周造
時間論 他二篇　九鬼周造　小浜善信編
復讐と法律　穂積陳重
パスカルにおける人間の研究　三木清

- 古代国語の音韻に就いて 他二篇　橋本進吉
- 漱石詩注　吉川幸次郎
- 吉田松陰　徳富蘇峰
- 林達夫評論集　中川久定編
- 新版 きけ わだつみのこえ —日本戦没学生の手記　日本戦没学生記念会編
- 新版 第二集 きけ わだつみのこえ —日本戦没学生の手記　日本戦没学生記念会編
- 君たちはどう生きるか　吉野源三郎
- 懐旧九十年　石黒忠悳
- 武家の女性　山川菊栄
- 覚書 幕末の水戸藩　山川菊栄
- 忘れられた日本人　宮本常一
- 家郷の訓　宮本常一
- 大阪と堺　三浦周行　朝尾直弘編
- 新編 歴史と人物　三浦周行　林屋辰三郎　朝尾直弘編
- 国家と宗教 —ヨーロッパ精神史の研究　南原繁
- 石橋湛山評論集　松尾尊兊編
- 湛山回想　石橋湛山

- 手仕事の日本　柳宗悦
- 工藝文化　柳宗悦
- 南無阿弥陀仏 付 心偈　柳宗悦
- 柳宗悦 民藝紀行　水尾比呂志編
- 雨夜譚 —渋沢栄一自伝　長幸男校注
- 中世の文学伝統　風巻景次郎
- 平塚らいてう評論集　小林登美枝　米田佐代子編
- 日本の民家　今和次郎
- 倫敦《ロンドン》！ 倫敦《ロンドン》？　長谷川如是閑
- 原爆の子 —広島の少年少女のうったえ 全二冊　長田新編
- 臨済・荘子　前田利鎌
- 『青鞜』女性解放論集　堀場清子編
- 大津事件 —ロシア皇太子大津遭難　尾佐竹猛　三谷太一郎校注
- 幕末遣外使節物語 —夷狄の国へ　尾佐竹猛　吉良芳恵校注
- 極光のかげに —シベリア俘虜記　高杉一郎
- 古典学入門　池田亀鑑
- イスラーム文化 —その根柢にあるもの　井筒俊彦

- 意識と本質 —精神的東洋を索めて　井筒俊彦
- 神秘哲学 —ギリシアの部　井筒俊彦
- 意味の深みへ —東洋哲学の水位　井筒俊彦
- コスモスとアンチコスモス —東洋哲学のために　井筒俊彦
- 幕末政治家　福地桜痴　佐々木潤之介校注
- フランス・ルネサンスの人々　渡辺一夫
- 維新旧幕比較論　木下真弘　宮地正人校注
- 被差別部落一千年史　高橋貞樹　沖浦和光校注
- 花田清輝評論集　粉川哲夫編
- 新版 河童駒引考 —比較民族学的研究　石田英一郎
- 英国の文学　吉田健一
- 英国の近代文学　吉田健一
- 明治東京下層生活誌　中川清編
- 中井正一評論集　長田弘編
- 山びこ学校　無着成恭編
- 考史遊記　桑原隲蔵
- 福沢諭吉の哲学 他六篇　丸山眞男　松沢弘陽編

政治の世界 他十篇　丸山眞男　松本礼二編注
超国家主義の論理と心理 他八篇　丸山眞男　古矢旬編
田中正造文集 全二冊　由井正臣　小松裕編
国語学史　時枝誠記
定本 育児の百科 全三冊　松田道雄
大西祝選集 全三冊　小坂国継編
哲学の三つの伝統 他十二篇　野田又夫
中国近世史　内藤湖南
大隈重信演説談話集　早稲田大学編
大隈重信自叙伝　早稲田大学編
人生の帰趣　山崎弁栄
通論考古学　濱田耕作
転回期の政治　宮沢俊義
何が私をこうさせたか ―獄中手記　金子文子
明治維新　遠山茂樹
禅海一瀾講話　釈宗演
明治政治史　岡義武

転換期の大正　岡義武
山県有朋 ―明治日本の象徴　岡義武
近代日本の政治家　岡義武
ニーチェの顔 他十三篇　氷上英廣　三島憲一編
伊藤野枝集　森まゆみ編
前方後円墳の時代　近藤義郎
日本の中世国家　佐藤進一

《哲学・教育・宗教》〔青〕

- ソクラテスの弁明・クリトン　プラトン　久保勉訳
- ゴルギアス　プラトン　加来彰俊訳
- 饗宴　プラトン　久保勉訳
- テアイテトス　プラトン　田中美知太郎訳
- パイドロス　プラトン　藤沢令夫訳
- メノン　プラトン　藤沢令夫訳
- 国家 全二冊　プラトン　藤沢令夫訳
- プロタゴラス ―ソフィストたち　プラトン　藤沢令夫訳
- パイドン ―魂の不死について　プラトン　岩田靖夫訳
- アナバシス ―敵中横断六〇〇〇キロ　クセノポン　松平千秋訳
- アリストテレス ニコマコス倫理学 全二冊　高田三郎訳
- アリストテレス 形而上学 全二冊　出隆訳
- アリストテレス 弁論術　戸塚七郎訳
- アリストテレース 詩学・ホラーティウス 詩論　松本仁助・岡道男訳
- 物の本質について　ルクレーティウス　樋口勝彦訳
- エピクロス ―教説と手紙　出隆・岩崎允胤訳

- 生の短さについて 他二篇　セネカ　大西英文訳
- 怒りについて 他二篇　セネカ　兼利琢也訳
- エピクテトス 人生談義 全二冊　國方栄二訳
- マルクス・アウレーリウス 自省録　神谷美恵子訳
- 老年について　キケロー　中務哲郎訳
- 友情について　キケロー　中務哲郎訳
- 弁論家について 全二冊　キケロー　大西英文訳
- キケロー書簡集　高橋宏幸編
- エラスムス＝トマス・モア往復書簡　沓掛良彦・高田康成訳
- 方法序説　デカルト　谷川多佳子訳
- 哲学原理　デカルト　桂寿一訳
- 精神指導の規則　デカルト　野田又夫訳
- 情念論　デカルト　谷川多佳子訳
- パンセ 全三冊　パスカル　塩川徹也訳
- 知性改善論　スピノザ　畠中尚志訳
- スピノザ エチカ（倫理学） 全二冊　畠中尚志訳
- モナドロジー 他二篇　ライプニッツ　谷川多佳子・岡部英男訳

- ハイラスとフィロナスの三つの対話　バークリ　戸田剛文訳
- 市民の国について 全二冊　ヒューム　小松茂夫訳
- 自然宗教をめぐる対話　ヒューム　犬塚元訳
- 人間機械論　ド・ラ・メトリ　杉捷夫訳
- エミール 全三冊　ルソー　今野一雄訳
- ルソー 告白 全三冊　桑原武夫訳
- 人間不平等起原論　ルソー　本田喜代治・平岡昇訳
- ルソー 社会契約論　桑原武夫・前川貞次郎訳
- 政治経済論　ルソー　河野健二訳
- 学問芸術論　ルソー　前川貞次郎訳
- 演劇について ―ダランベールへの手紙　ルソー　今野一雄訳
- 言語起源論 ―旋律と音楽的模倣について　ルソー　増田真訳
- ディドロ、ダランベール編 百科全書 ―序論および代表項目　桑原武夫訳編
- ディドロ 絵画について　佐々木健一訳
- 道徳形而上学原論　カント　篠田英雄訳
- 啓蒙とは何か 他四篇　カント　篠田英雄訳
- 純粋理性批判 全三冊　カント　篠田英雄訳

カント 実践理性批判　波多野精一・宮本和吉・篠田英雄訳
判断力批判 全二冊　カント 篠田英雄訳
永遠平和のために　カント 宇都宮芳明訳
プロレゴメナ　カント 篠田英雄訳
学者の使命・学者の本質　フィヒテ 宮崎洋三訳
シュライエルマッハー 独白　木場深定訳
哲学史序論 —哲学と哲学史　ヘーゲル 武市健人訳
ヘーゲル 政治論文集 全二冊　金子武蔵訳
歴史哲学講義 全二冊　ヘーゲル 長谷川宏訳
法の哲学 —自然法と国家学の要綱　ヘーゲル 上妻精・佐藤康邦・山田忠彰訳
自殺について 他四篇　ショウペンハウエル 斎藤信治訳
読書について 他二篇　ショウペンハウエル 斎藤忍随訳
知性について 他四篇　ショーペンハウエル 細谷貞雄訳
将来の哲学の根本命題 他二篇　フォイエルバッハ 松村一人・和田楽訳
不安の概念　キェルケゴール 斎藤信治訳
死に至る病　キェルケゴール 斎藤信治訳
体験と創作 全二冊　ディルタイ 柴田治三郎・小牧健夫訳

眠られぬ夜のために 全二冊　ヒルティ 草間平作・大和邦太郎訳
幸福論 全三冊　ヒルティ 草間平作・大和邦太郎訳
悲劇の誕生　ニーチェ 秋山英夫訳
ツァラトゥストラはこう言った 全二冊　ニーチェ 氷上英廣訳
道徳の系譜　ニーチェ 木場深定訳
善悪の彼岸　ニーチェ 木場深定訳
この人を見よ　ニーチェ 手塚富雄訳
プラグマティズム　W・ジェイムズ 桝田啓三郎訳
宗教的経験の諸相 全二冊　W・ジェイムズ 桝田啓三郎訳
純粋経験の哲学　W・ジェイムズ 伊藤邦武編訳
純粋現象学及現象学的哲学考案 全二冊　フッセル 池上鎌三訳
デカルト的省察　フッサール 浜渦辰二訳
愛の断想・日々の断想　ジンメル 清水幾太郎訳
ジンメル宗教論集　深澤英隆編訳
笑い　ベルクソン 林達夫訳
道徳と宗教の二源泉　ベルクソン 平山高次訳
物質と記憶　ベルクソン 熊野純彦訳

時間と自由　ベルクソン 中村文郎訳
ラッセル教育論　安藤貞雄訳
ラッセル幸福論　安藤貞雄訳
存在と時間 全四冊　ハイデガー 熊野純彦訳
学校と社会　デューイ 宮原誠一訳
民主主義と教育 全二冊　デューイ 松野安男訳
歴史と自然科学・道徳の原理に就て・聖 『プレルーディエン』より　ヴィンデルバント 篠田英雄訳
我と汝・対話　マルティン・ブーバー 植田重雄訳
アラン 幸福論　神谷幹夫訳
アラン 定義集　神谷幹夫訳
天才の心理学　E・クレッチュマー 内村祐之訳
英語発達小史　H・ブラッドリ 寺澤芳雄訳
日本の弓術　オイゲン・ヘリゲル述 柴田治三郎訳
饒舌について 他五篇　プルタルコス 柳沼重剛訳
ことばのロマンス —英語の語源　ウィークリー 寺澤芳雄・出淵博訳
人間 —シンボルを操るもの　カッシーラー 宮城音弥訳
国家と神話 全二冊　カッシーラー 熊野純彦訳

岩波文庫の最新刊

幸徳秋水著／梅森直之校注

兆民先生 他八篇

幸徳秋水(一八七一―一九一一)は、中江兆民(一八四七―一九〇一)に師事して、その死を看取った。秋水による兆民の回想録は明治文学の名作である。「兆民先生行状記」など八篇を併載。〔青一二五―四〕 定価七七〇円

グレゴリー・ベイトソン著／佐藤良明訳

精神の生態学へ (上)

ベイトソンの生涯の知的探究をたどる。上巻はメタローグ・人類学篇。頭をほぐす父娘の対話から、類比を信頼する思考法、分裂生成とプラトーの概念まで。(全三冊)〔青N六〇四―二〕 定価一一五五円

カール・ポパー著／小河原誠訳

開かれた社会とその敵 第一巻 プラトンの呪縛(下)

プラトンの哲学を全体主義として徹底的に批判し、こう述べる。「人間でありつづけようと欲するならば、開かれた社会への道しか存在しない。」(全四冊)〔青N六〇七―二〕 定価一四三〇円

佐々木徹編訳

英国古典推理小説集

ディケンズ『バーナビー・ラッジ』とポーによるその書評、英国最初の長篇推理小説と言える本邦初訳『ノッティング・ヒルの謎』を含む、古典的傑作八篇。〔赤N二〇七―一〕 定価一四三〇円

……今月の重版再開……

ガーネット作／安藤貞雄訳

狐になった奥様

〔赤二九七―一〕 定価六二七円

アンドレ・ジイド著／渡辺一夫訳

モンテーニュ論

〔赤五五九―一〕 定価四八四円

岩波文庫の最新刊

三木 清著
構想力の論理 第一

パトスとロゴスの統一を試みるも未完に終わった、三木清の主著。〈第一〉には、「神話」「制度」「技術」を収録。注解＝藤田正勝。（全二冊）
〔青一四九-二〕 定価一〇七八円

ジュリアン・グリーン作／石井洋二郎訳
モイラ

極度に潔癖で信仰深い赤毛の美少年ジョゼフが、運命の少女モイラに魅入られ……。一九二〇年のヴァージニアを舞台に、端正な文章で綴られたグリーンの代表作。
〔赤N五二〇-一〕 定価一二七六円

バジョット著／遠山隆淑訳
イギリス国制論 (下)

イギリスの議会政治の動きを分析した古典的名著。下巻では、政権交代や議院内閣制の成立条件について考察を進めていく。第二版の序文を収録。（全二冊）
〔白一二二-三〕 定価一一五五円

大泉黒石著
俺の自叙伝

ロシア人を父に持ち、虚言の作家と貶められた大正期のコスモポリタン作家、大泉黒石。その生誕からデビューまでの数奇な半生を綴った代表作。解説＝四方田犬彦。
〔緑二二九-一〕 定価一一五五円

……今月の重版再開……

川合康三選訳
李商隠詩選

定価一一〇〇円
〔赤四二-一〕

鈴木範久編
新渡戸稲造論集

定価一一五五円
〔青一一八-二〕